ちくま新書

こんなに変わ……科書

左巻健男
Samaki Takeo

1644

こんなに変わった理科教科書【目次】

イラスト＝ヨオ

はじめに

本書は、戦後の理科教科書の内容がどう変わってきたかを、とくに誰もが学んだ小学校・中学校をメインとして見てみました。理科の教育課程は、小学校、中学校の学習指導要領理科編が内容を示しており、教科書はその内容を踏まえています。そこで、学習指導要領理科編の内容にもとづいて、時代分けを行いました。〈 〉内はその期の小中学校で教科書が使用開始された年度です。

・一九五〇年代〈小一九四九年・中一九五〇年～〉＝**生活単元学習の時代**
・六〇年代〈小一九六一年・中一九六二年～〉＝**系統学習時代**
・七〇年代〈小一九七一年・中一九七二年～〉＝**現代化の時代**
・八〇年代〈小一九八〇年・中一九八一年～〉＝**学習内容精選開始時代**
・九〇年代〈小一九九二年・中一九九三年～〉＝**個性化・多様化さらなる精選の時代**
・二〇〇〇年代〈二〇〇二年～〉＝**厳選とゆとり教育の時代**
・一〇年代〈小二〇一一年・中二〇一二年～〉＝**理数教育充実の時代**
・二〇年代〈小二〇二〇年・中二〇二一年～〉＝**理数教育充実の時代〔続〕**

本書を生活単元学習の時代から始めたのは、次のような理由からです。

戦後アメリカを中心とした占領軍GHQから、コース・オブ・スタディ（教育課程の手引き書。現在の学習指導要領に相当）をつくれと命令があり、その指導のもとに学習指導要領・理科編（試案）が作成されました。そこでは、身のまわりの現象を取り上げて単元をつくる生活単元学習として展開されました。

戦後の理科教科書は、戦中に使われていた教科書に墨塗りしたものから始まったのですが、本格的な理科教科書は、小学校では、文部省が発行した『小学生の科学』（四年五冊は一九四八年度〜、五・六年各五冊は一九四九年度〜）、中学校では文部省著作の『私たちの科学』全一八冊（一九四七年度〜）でした。これらの教科書は、生活単元学習の考え方で作成され、生活単元学習の時代の始まりとなったからです。

生活単元学習の時代は、学力低下が大きな話題になりました。身のまわりの多様な現象にこだわるあまり内容が雑多になり、系統性がないから学力が下がると批判を受け、内容や教材整理がされて**系統学習の時代**へ。

さらに内容の精選がされて**現代化の時代**へ。この時に砂車、ショウジョウバエやトリの卵といった教材が入りました。いっぽう大幅に減ったのは明治以来の伝統だった工作・ものづくりです。その結果、業者から購入して指示通りに組み立てる教材セットの利用が多くなりました。

学習内容精選開始時代には、七〇年代の受験競争、詰め込み教育、校内暴力などが問題になり、広義の「ゆとり教育」が開始され、内容の精選が行われました。

個性化・多様化さらなる精選の時代の大きな出来事は、小学一・二年の理科と社会科が廃止されて「生活科」が新設されたことです。「個性に応じる」ということで中学校に選択理科が置かれ、高校では選択科目が増やされました。

厳選とゆとり教育の時代は、狭義の「ゆとり教育」の時代です。内容をさらに減らす厳選が行われました。しかし「ゆとり教育」のマイナス面が大きな問題になり、**理数教育充実の時代**へと展開しました。二〇二〇年代の現代は、**理数教育充実の時代〔続〕**〈小二〇二〇年・中二〇二一年〜〉です。

読者のみなさんは、どの時代の理科教育を受けたでしょうか。戦後の理科教科書の移り変わりの中にご自分の受けた理科教育を位置づけてみてください。

理科教科書の内容には、その時代の理科教育の考え方が反映されています。

筆者は、かなり大きく移り変わってきたと思いますが、読者のみなさんはいかがでしょう。世代間ギャップがよく話題になりますが、各世代がどんな教育を受けてきたかを知ることは、ギャップを小さくすることになると思います。

ドラマチックとも言える理科教科書の内容の移り変わりをお楽しみ下さい。最後の「第七章　理科の教え方学び方」は、こうした理科の内容や教え方学び方を研究してきた筆者が、読者のみなさんに伝えたいメッセージにしたつもりです。

なお、本文中の理科教科書の引用文やページ数、用語、文字遣いなどは、断わりがあるものを除いて、東京書籍版の小学校・中学校教科書を参照しています。

二〇二二年二月

左巻　健男

第一章　理科教科書の七〇年

†七つの区分で理科教科書を読みとく

検定済み教科書が小学校および中学校で使用されるまでの経緯を、まずはざっくりと見てみましょう。

学習指導要領の告示↓民間会社による教科書の作成↓文部科学省による教科書検定↓教科書採択（公立小中学校は広域採択制度）↓学習指導要領による教育課程の実施＝学習指導要領にもとづく検定済教科書の使用開始

教科書は約一〇年ごとに切り替わります。ある教育課程で、最初の教科書が四年間使われると、その後に四分の一改訂された教科書に変わります。しかし、基本的に学習内容は学習指導要領に準拠していますから、そう大きく内容は変わりません。

はじめにで述べたように、本書では戦後の小中学校の理科教育課程と教科書の時代を七期に分けました。〈 〉内はその期の小中学校で教科書が使用開始された年度です。

一、**生活単元学習の時代**〈小一九四九年・中一九五〇年～〉
二、**系統学習時代**〈小一九六一年・中一九六二年～〉
三、**現代化の時代**〈小一九七一年・中一九七二年～〉
四、**学習内容精選開始時代**〈小一九八〇年・中一九八一年～〉
五、**個性化・多様化さらなる精選の時代**〈小一九九二年・中一九九三年～〉
六、**厳選とゆとり教育の時代**〈二〇〇二年～〉
七、**理数教育充実の時代**〈小二〇一一年・中二〇一二年～〉
（理数教育充実の時代〔続〕〈小二〇二〇年・中二〇二一年～〉）

小中学校理科の授業時間

各教育課程の時代（教科書の使用開始年度）	小１	小２	小３	小４	小５	小６	中１	中２	中３
生活単元学習の時代（小1949年・中1950年〜）	70	70	70	105	105〜140	105〜140	140	140	140
系統学習時代（小1961年・中1962年〜）	68	70	105	105	140	140	140	140	140
現代化の時代（小1971年・中1972年〜）	68	70	105	105	140	140	140	140	140
学習内容精選開始時代（小1980年・中1981年〜）	68	70	105	105	105	105	105	105	140
個性化・多様化さらなる精選の時代（小1992年・中1993年〜）	―	―	105	105	105	105	105	105	105〜140
厳選とゆとり教育の時代（2002年〜）	―	―	70	90	95	95	105	105	80
理数教育充実の時代（小2011年・中2012年〜）	―	―	90	105	105	105	105	140	140
理数教育充実の時代[続]（小2020年・中2021年〜）	―	―	90	105	105	105	105	140	140

１週間に１コマの授業が年間35週で授業時間35となる。たとえば105は週に３コマ

本文中たとえば八〇年代の**学習内容精選開始時代**や**厳選とゆとり教育の時代**（二〇〇〇年代）のように表記することもありますが、厳密には一二頁に示した年から、その時代の教科書が使用開始されていることを念頭に読み進めてください。

†戦後のスタートは墨塗り教科書から

一九四五年八月一五日、日本は無条件降伏をしました。日本はアメリカを中心とする連合国による占領軍によって支配されました。敗戦後は、軍国主義・国家主義的な教育内容の一掃が求められました。

新しい教育の推進に大きな役割を果たしたものに、文部省が一九四六年五月に発表した教師のための手引書「新教育指針」があります。その全体を貫く基本理念は、個性の完成、人間尊重の教育理念です。そこでは、「科学的教養の普及」の重要性があげられています。「新教育指針」は、次のように述べています。

「ひはん的精神に欠け、権威にもう従しやすい国民にあっては、物事を道理に合せて考える力、すなわち合理的精神がとぼしく、したがって科学的なはたらきが弱い。（中略）民一般としては科学の程度がまだ低い。例えばこれまでの国史の教科書には、神が国土や山川草木を生んだとか、おろちの尾から剣が出たとか、神風が吹いて敵軍を滅ぼしたとかの神話や伝説が、あたかも歴史的事実であるかのように記されていたのに、生徒はそれを疑うことなく、その真相やその意味をきわめようともしなかった。このようにして教育させられた国民は、竹やりをもって近代兵器に立ち向かおうとしたり、門の柱にばくだんよけの護り札をはったり、神風による最後の勝利を信じたりしたのである」

つまり、軍国主義者及び極端な国家主義者が日本国民の弱点である合理的精神にとぼしく科学的水準が低いことを利用したというのです。

さらに「新教育指針」は、「このことは、いいかえれば、真実を愛する心、すなわち真実を求め真実を語り真実を行う態度が、指導者に誤り導かれぬために必要であることを意味する。」としました。こうして、今後の教育は、批判的・合理的・科学的精神を養うべきだということを強調したのです。

戦時中に使っていた教科書の軍国主義および国家主義的な部分には墨が塗られました。国民学校初等科では、最初はそれまでの教科書『初等科理科』の墨塗り教科書を使い、墨塗りされていない残りを学習しました。

翌年の四月からは墨塗り教科書から墨塗り部分と挿絵や写真を除いたものを印刷した、ほとんど活字だけの用紙（折本教科書）を子どもに渡しました。

一九四七年四月から、戦後の六・三制の新学校制度が発足し、新制の小学校・中学校ができました。教科書は『初等科理科』を一部修正した『理科の本』一・二・三でした。戦後、低学年の一～三年には教科書はなく、これは四～六年用でした。

†文部省が編集した『私たちの科学』『小学生の科学』

戦後、学校教育は、アメリカの教育に強く影響される方向へと流れていきます。それは、子どもの生活経験を重視し、子どもの興味・関心を出発点にして、生活の中から疑問を見いだし、それを解決しながら、さらに生活から新しい疑問を見いだして解決していく……という「生活単元学習」でした。

単元は学習のまとまりのことなので、生活単元とは、生活を中心に学習のまとまりをつくることです。現在の教科書でいえば、各章が各単元にあたるでしょう。

理科教育では、文部省が生活単元・問題解決学習の教科書を作成しました。民間の会社が教科書を出すしくみができるまでの間の教科書として、『私たちの科学』（一九四七～四八年刊、中学校用）や『小学生の科学』（一九四八～四九年刊）を発行したのです。

生活単元・問題解決学習の教科書では、「日常生活の経験を組織し、生活を改善するのに役立つように」題材がまとめられました。紙の質は最上等の厚い紙で当時としては珍しい四色刷でしたが、現在と異なり、題材（単元）別に冊子になっていました。子ども全員にわたる冊数は配れず、一クラスに数冊だけでした。それが何年にもわたって使いまわされたのでした。

†『小学生の科学』は一学年に五単元

文部省の理科教科書担当の岡現次郎は『小学生の科学』について、「子供たちが見たらきれいだなという本、手に取ったら読んでみたくなる本、読んだら研究したくなる本」を目指したと述べています。

教科書の記述は対話方式や物語風でした。親しみやすい説明に美しい挿絵や写真が豊富に使われていました。その物語の中にところどころ科学の概念学習が入っていたのです。

『小学生の科学』は、次のような単元別に、各学年五冊ずつの計一五冊でした。

〔第四学年用〕
「私たちのまわりにはどんな生物がいるか」「生物はどのように育つか」「空には何が見えるか／地面はどのようになっているか」「湯はどのようにしてわくか／かん電池でどんなことができるか」「どうしたらじょうぶなからだになれるか」

〔第五学年用〕

文部省作成、大日本図書翻刻発行『私たちの科学』（左）と文部省作成、東京書籍発行『小学生の科学』（右）。教科書研究センター附属教科書図書館蔵

「生物はどのように生きているか／生物はどのようにつながりをもっているか」「天気はどのように変わるか／こよみはどのように作られたか」「音はどうして出るか／物はどのようにして見えるか」「電じゃくはどのように使われているか／機械や道具を使うとどんなに便利か」「よいたべ物をとるにはどんなくふうをすればよいか／すまいやきものは健康とどんな関係があるか」

〔第六学年用〕

「生物はどのように変わってきたか／生物をどのように利用しているか」「地球にはどんな変化があるか／宇宙はどんなになっているか」「物の質はどのように変わるか／電気を使うとどんなに便利か」「交通機

関はどのようにして動くか」「からだはどのようにはたらいているか／伝せん病や寄生虫はどうしたら防げるか」

中学『私たちの科学』は一学年に六単元

中学校用『私たちの科学』は、次のような単元別で各学年六冊ずつの計一八冊です。

〔中学校第一学年用〕
「空気はどんなはたらきをするか」「水はどのように大切か」「火をどのように使ったらよいか」「何をどれだけ食べたらよいか」「植物はどのようにして生きているか」「動物は人の生活にどんな役にたっているか」

〔中学校第二学年用〕
「着物は何から作るか」「からだはどのように働いているか」「海をどのように利用しているか」「土はどのようにしてできたか」「地下の資源をどのように利用しているか」「家はどのようにしてできるか」

〔中学校第三学年用〕
「空の星と私たち」「機械を使うと仕事はどのようにはかどるか」「電気はどうして役にたつか」「交通通信機関はどれだけ生活を豊かにしているか」「人と微生物とのたたかい」

「生活はどう改めたらよいか」

『私たちの科学』から一つ紹介しましょう。中学一年の「水はどのように大切か」です。この単元に入る前のページには、「「水はどのように大切か」を研究する前に、次の問に答えてごらんなさい」という問いかけがあります。
一、もしも水が切れたら、どうなりますか
二、あなたの一日の生活には、どれだけの水がいりますか
三、安心して飲める水と、飲めない水を見分けることができますか
四、上水道の水は、どんなにして送られるか知っていますか
五、石けんを使う時は、石けん水のあわだちの悪いのがあることを知っていますか
六、なぜ、下水がよく流れるようにしなくてはならないのでしょうか
七、まざりもののない水は、どんなにして得られますか
八、液体になった普通の水のほかに、別の様子をした水を知っていますか、それにはどんなものがありますか

「一、もしも水が切れたら、どうなりますか」だったら、さらに「①畑の作物は、②あなたの体は、③家庭の生活は（以下略）」と続きます。その後に「まえがき」があって、水の大切さを説明して「さあ、このようにだいじな水が、どこにどんなになっているものか、

どんな性質を持っているものかを研究してみましょう」と呼びかけます。

生活に関連した問題設定をして、それを研究的に解決させようという構成です。「水はどのように大切か」の単元は、七八ページに及びます。

民間教科書会社から教科書が発行されるようになってからも、教科書のモデルは文部省作成の生活単元学習の教科書でした。

小学生時代の筆者は、民間教科書会社発行の生活単元学習の教科書で学びました。学力劣等生で授業を理解できなかったことから、学習の記憶がほとんどありませんが、教科書に、きれいな水にする「ろ過」という方法や「炉で物を燃やすのに空気の流れを工夫すること」の図が載っていたことを覚えています。ろ過の絵は、小石や砂、シュロの糸（シュロという樹木の繊維）などを層状にしてろ過する方法でした。

自宅は井戸水を使っていて、風呂の水くみや風呂焚きが筆者の仕事でしたから、水や火に興味がありました。それとクラスの全員が自分の家で使っている水を持参して試薬（硝酸銀水溶液など）で調べる実験がありました。

†目指せ科学立国——系統学習時代

五〇年代の生活単元学習は、学習内容が多すぎ、しかも理科の基礎概念が生活単元の各

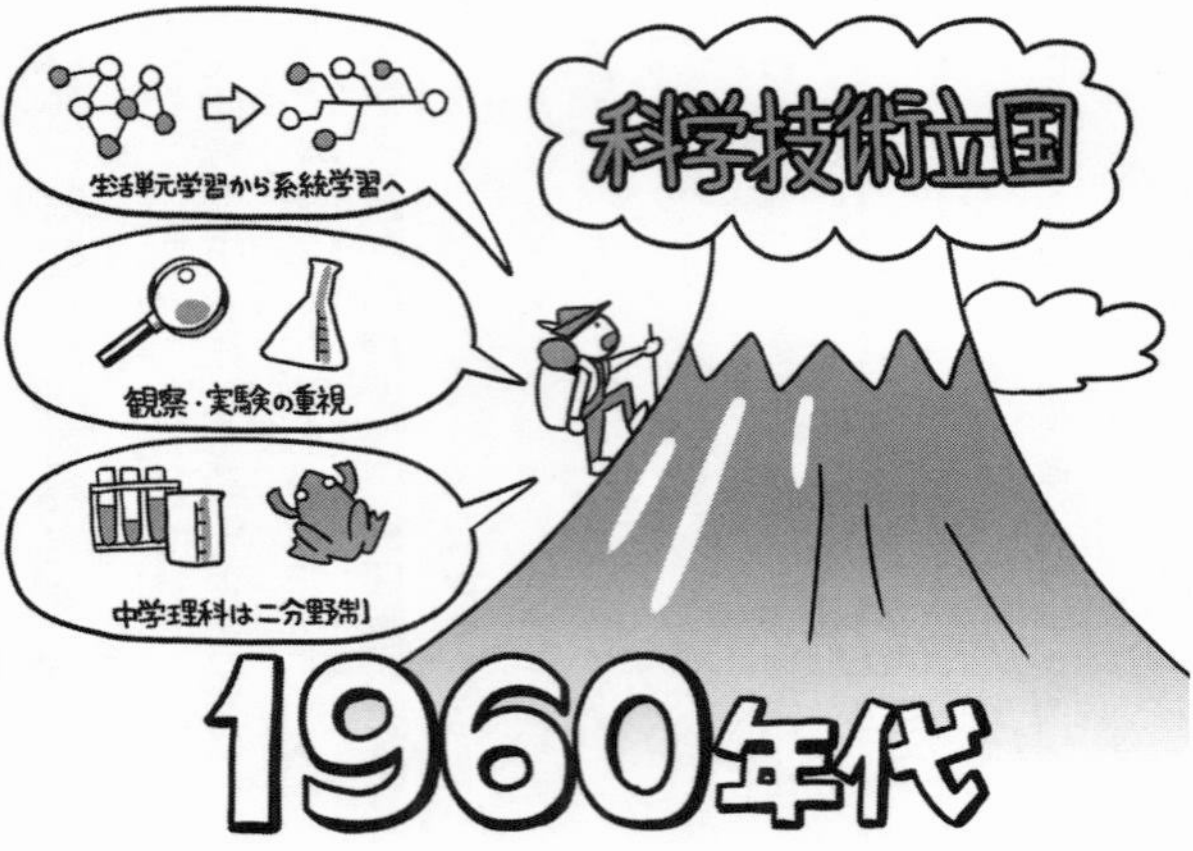
科学技術立国
生活単元学習から系統学習へ
観察・実験の重視
中学理科は二分野制
1960年代

所にばらばらに配置されて学びにくいという批判を受けるようになりました。理科の基礎概念が系統的に学ばれずに、身につけるべき基礎概念を山の頂上とするなら、山に登らせるのではなく、子どもたちが山の麓でうろうろさせるだけだというイメージです。

こうした批判は、教育関係者だけではなく、マスコミでも「学力低下」をもたらした原因だと取り上げられるようになったのです。

また、日本は科学・技術で立国するしかないということで、科学技術の振興にかかわって、基礎学力の充実、科学技術教育の向上を図ることも必要になっていました。

そこで、学習指導要領が改訂され、生活単元学習から系統学習の時代に変わり、その教科書が小学校で一九六一年、中学校で一九六

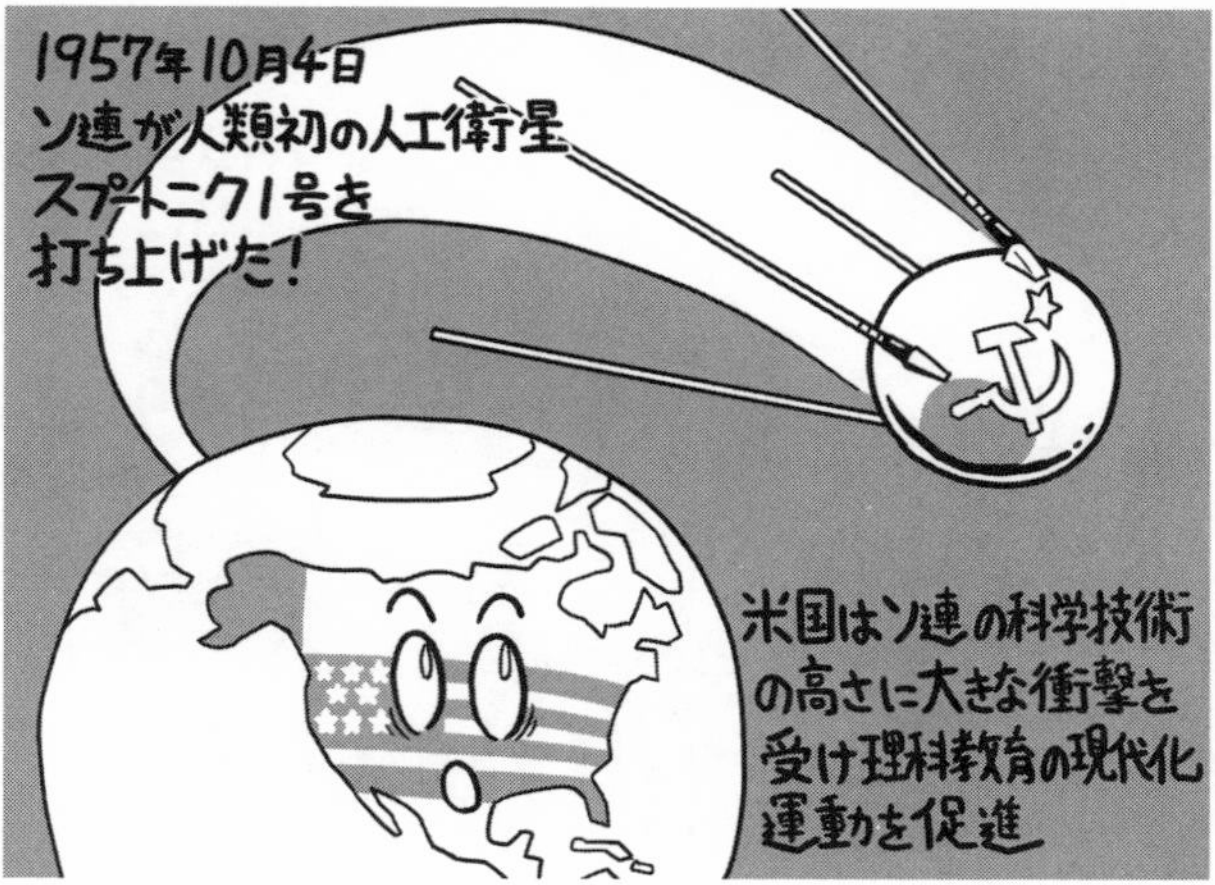
1957年10月4日
ソ連が人類初の人工衛星
スプートニク1号を
打ち上げた！
米国はソ連の科学技術
の高さに大きな衝撃を
受け理科教育の現代化
運動を促進

二年に発行されました。この教科書は四年ごとに改訂されました。

†スプートニク・ショックは日本も直撃――現代化の時代

いわゆる米ソ冷戦が進行した六〇年代、アメリカの理科教育は生活重視だったので、ソビエト連邦（現ロシア）と比べて内容が遅れているという意見が問題になっていました。とくに一九五七年にソ連が、米国に先駆けて人工衛星打ち上げに成功したことは、アメリカをはじめとする西側諸国に衝撃を与えました（スプートニク・ショック）。

アメリカは「理科教育の現代化運動」を進め、現代科学を中心にした新しい教科書を続々と出していきます。

アメリカの「現代化運動」を受けて、日本

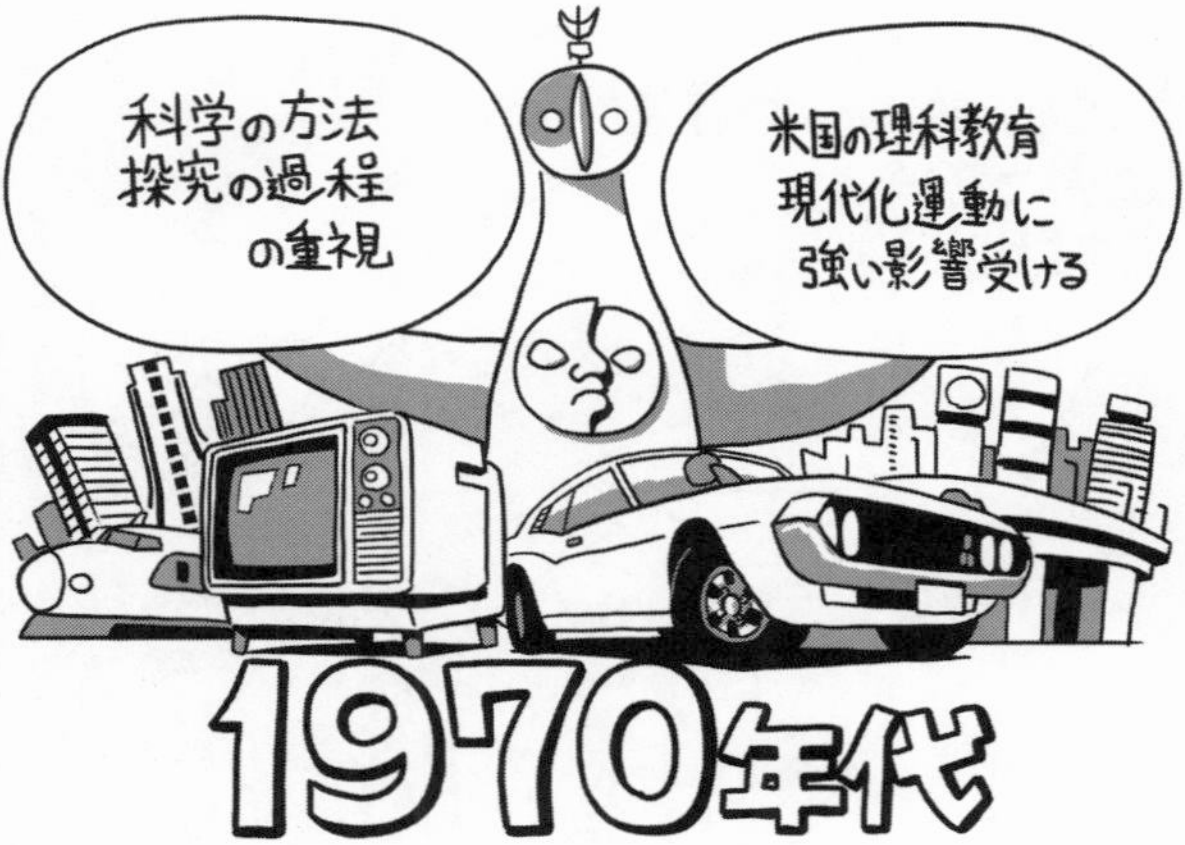
科学の方法
探究の過程
の重視
米国の理科教育
現代化運動に
強い影響受ける
1970年代

の理科教科書も**現代化の時代**を迎えたのが七〇年代でした。とくに中学校では「探究の過程」を重視する教科書に傾いていきます。探究の過程とは、学習内容を現代化するという、より、「測定する」「グラフ化する」「モデル化する」「式で表す」などのプロセススキルを取り出す「科学の方法」「探究の過程」を重視して学習するというものでした。これにより理科教育は、「問題の発見→情報の収集→情報の処理→規則性の発見」といった定型化した流れでの学習になりました。

情報化が進む現代は、知識の交代、知識の陳腐化が激しくなるから、知識を身につけるよりは、知識を処理したり獲得したりする能力こそ必要だという考えも、その背景にありました。たとえば「砂車」という高度な実験

（計測が難しく、結果についての理解も困難で誤解させるおそれがある）教材が小学校一年生に導入されました。逆に、明治以来の伝統であった理科工作（ものづくり）が大幅に整理されて、ほとんどが消えてしまいました。

†ゆとり教育は八〇年代から――精選さらに精選、そして厳選

いわゆる「ゆとり教育」の時代の始まりは、一九八〇年代です。**学習内容精選開始時代**以来のゆとり教育が、この後の三期（約三〇年間）続きます。しかし「ゆとり教育」と言えば、二〇〇二年からの**厳選とゆとり教育の時代**をイメージする読者が多いのではないでしょうか。今世紀に入ってからの**厳選とゆとり教育の時代**だけを指すのは、いわば狭義の「ゆとり教育」です。

まず、**学習内容精選開始時代**〈小一九八〇年・中一九八一年〜〉に、それまでの学習内容の精選が行われました。続いて、**個性化・多様化さらなる精選の時代**〈小一九九二年・中一九九三年〜〉に、さらなる学習内容の精選が行われます。こうして「精選」を二期にわたって実施し、ついに学習内容の「厳選」が行われます。それが、**厳選とゆとり教育の時代**〈二〇〇二年〜〉なのです。

七〇年代の社会問題、激しい受験競争、詰め込み教育、校内暴力をご記憶でしょうか。

ゆとり教育

詰め込みの受験競争なのに、学力低下も問題になりました。どういうことかというと、**現代化の時代**による理科嫌いの増加、ついていけない子どもの増加です。

そこで、理科内容の集約と削除が行われ、ゆとり教育への一歩が踏み出されます。この**学習内容精選開始時代**〈小一九八〇年・中一九八一年～〉のスローガンは「ゆとりと充実」でした。具体的には、「ゆとりの時間」という学校裁量で活用できる時間を新設しました。充実のほうは、授業の一単位時間を小中とも五分間延長して、小学校四五分、中学校五〇分としました。

また、一週間当たりの理科の授業時間数は、小学校一～二年二時間、三～四年三時間、五～六年四時間でしたが、五～六年で一時間

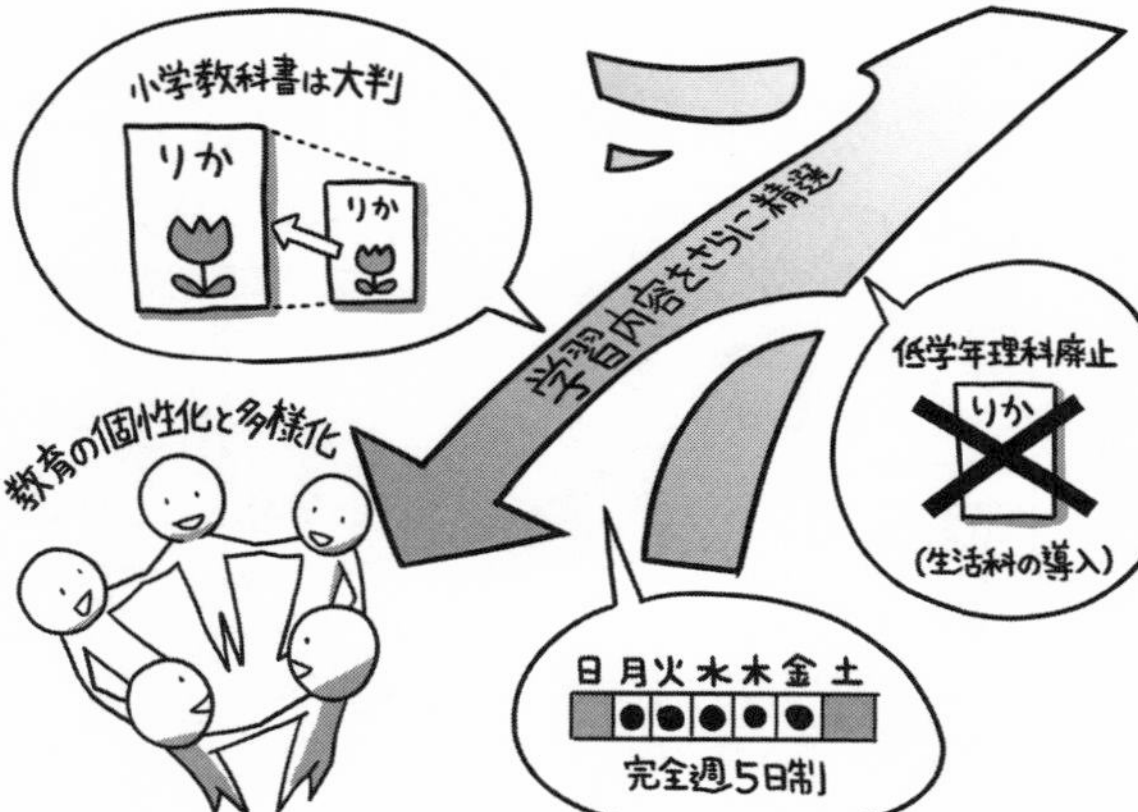

減らされて三時間に、同様に中学校一～三年四時間が、一～二年で一時間減らされて三時間になりました。

†「個性化・多様化、さらなる精選」と「厳選・ゆとり」

小学校の教科書では一九九二年から、中学教科書では一九九三年からの**個性化・多様化さらなる精選の時代**にあったもっとも大きな変化は、小学校一年と二年の理科と社会科が廃止され、代わりに「生活科」が新設されたことです。「しつけ重視」「体験しても学習なし」と生活科への批判も起こりましたが、現在も存続しています。

中学校では三年に従来の教科に加え「選択」が導入され「選択理科」が置かれました。これは全員が学習するのではなく、中学三年

学習内容の
3割削減!
NEWS
総合学習の時間導入
生きる力
極限のゆとり教育
理科の学習内容,授業時間が
戦後最低に

生になると理科を学びたい子どもだけが学習する選択科目になってしまったということです。

そして次が、**厳選とゆとり教育の時代**です。「お父さんの教科書より、お姉さんの教科書より、キミたちの教科書は薄い」と大書されたポスターが、一九九九年秋に首都圏の三〇〇の駅に張り出されました。一九九八年に告示された学習指導要領の内容が、極限のゆとり教育だということで、大手の中学受験塾がつくったものでした。

八〇年代、九〇年代に「精選」を二回くり返しましたが、それでも不十分だとばかりに、ついに学習内容は精選ではなく厳選されることになりました。このときの教育課程「厳選」の目玉は「総合的な学習の時間」新設で

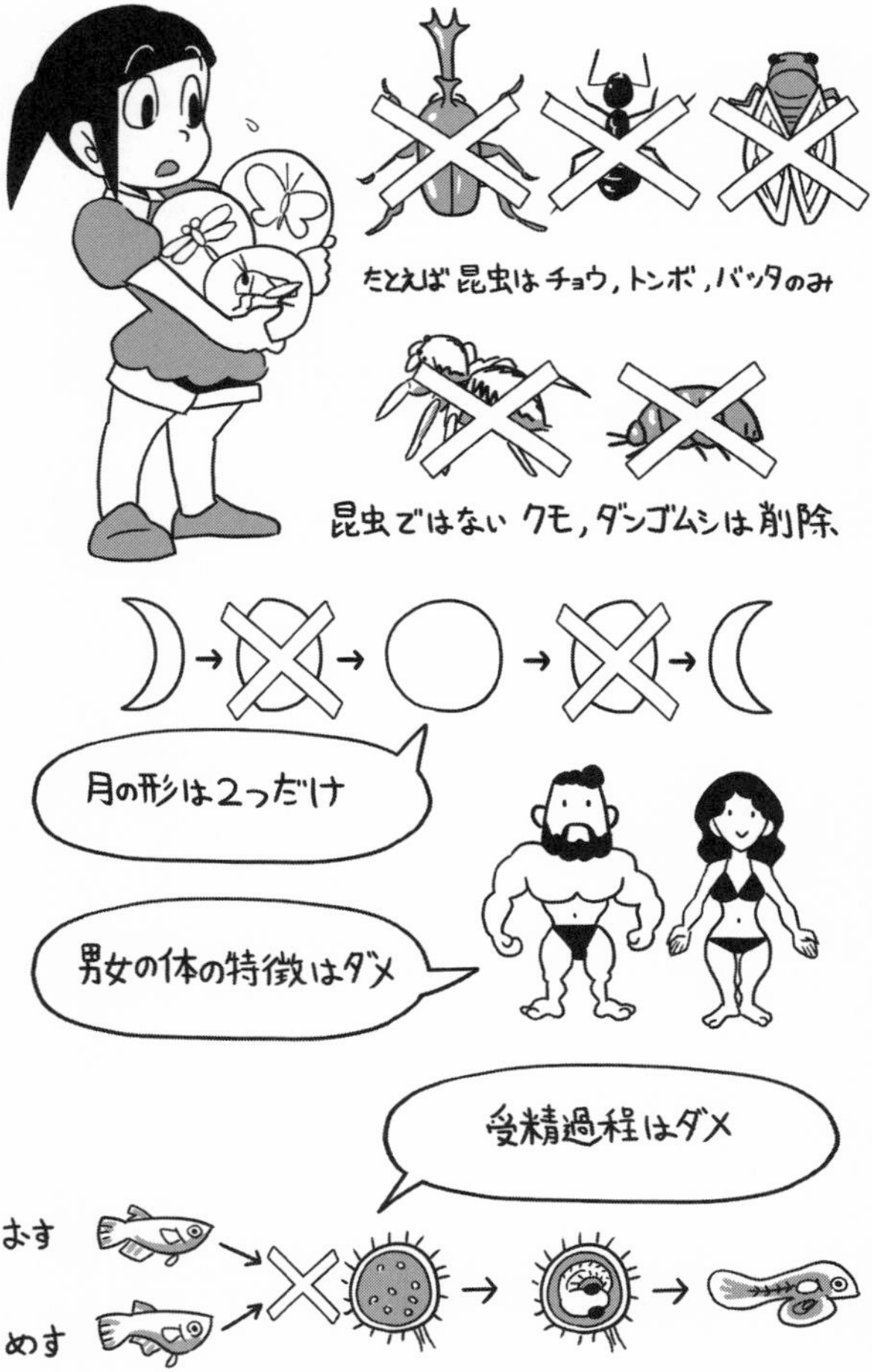
たとえば昆虫はチョウ，トンボ，バッタのみ
昆虫ではない クモ，ダンゴムシは削除
月の形は2つだけ
男女の体の特徴はダメ
受精過程はダメ
おす
めす

した。

理科の教科書は大きく変わりました。小学理科はちまちまとした制限と禁止だらけになりました。小学三年で教える昆虫及び植物は、各二〜三種類という制限がつきました。このような制限は「月の形は満月と三日月だけ」など小学校・中学校全体に及ぶものでした。それまで動物では、ほ乳類も扱えたのに昆虫だけに制限され、その種類も制限されました。

†厳選とゆとり教育の時代の理科教科書

その前の前の**学習内容精選開始時代**〈小一九八〇年・中一九八一年〜〉には、小学教科書にチョウ、バッタ、カマキリ、トンボ、ミツバチ、カブトムシ、ハサミムシ、コオロギ、アリ、テントウムシ、クワガタムシが扱われていました。

前の**個性化・多様化さらなる精選の時代**〈小一九九二年・中一九九三年〜〉には、チョウ、トンボ、バッタ、セミ、カブトムシ、カマキリ、アリ、アメンボが扱われていました。昆虫ではない虫としてダンゴムシ、クモがありました。

虫は生物界最大のグループであり、虫のことがわかるためには、二〜三種類ではなく、もっと多様な昆虫を観察し、さらに昆虫ではないクモやダンゴムシなどと比べることが大切です。たくさんの内容が小学校理科の教科書から削除されて中学校理科へ統合されました。けれど、中学校理科も内容の削除が激しいので、小学校で減ったぶんをまかなえるまで学習することになりません。

厳選によって、中学校では「イオン」「遺伝・進化」「仕事」「力の合成と分解」「花の咲かない植物」「無脊椎動物」「日本の天気の特徴」などが消えました。そして一週間あたりの授業時間数は、小学校では三〜六年各三時間だったものが三年二時間、四年二・六時間、五年二・七時間、六年二・七時間に減らされ、中学校でも一〜二年は三時間に、三年三〜四時間が二・三時間に減らされました。

行きつくところまで行った「極限のゆとり教育」には、さまざまな方面から批判が相次ぎました。そこで文科省は、教科書に学習指導要領を超える内容を「発展」として入れてもOKと、途中から方針を転換します。二〇〇〇年代の**厳選とゆとり教育の時代**の最初の教科書には、これまでは表紙を開いたページに見開きで掲載されていた「周期表」がなくなりましたが、〝発展〟という形で復活しました。そして、続く二〇一〇年代の**理数教育充実の時代**には、八〇年代の精選以降の教育課程から削除されていたたくさんの学習内容が復活します。

そのため、二〇〇〇年代の最後のころは補助教材として、付加される学習内容を冊子にして配布、二〇一〇年代の先取り学習が行われました。学習指導要領の範囲を超える内容

厳選とゆとり教育の時代の小学校理科の変更点

削　除	それ以前	
石と土	3年	
動物の活動と天気や時刻との関係	4年	
植物の運動や成長と天気や時刻との関係	4年	
人の活動と時刻や季節との関係	4年	
男女の身体の特徴	5年	
月の表面の様子	5年	
植物体の乾留	6年	
移行統合	**それ以前**	**移行・統合**
空気や水の性質	3年	4年へ移行
釣り合いとものの重さ	4年	5年へ移行
流水の働き	4年	5年へ移行
人の骨や筋肉の働き	3年	中学校へ統合
ものの性質と音	3年	中学校へ統合
重さとかさ	4年	中学校へ統合
空気中の水蒸気の変化	4年	中学校へ統合
卵生と胎生	5年	中学校へ統合
水中の小さな生き物	5年	中学校へ統合
水溶液の蒸発による物質の分離	5年	中学校へ統合
太陽の表面の様子	5年	中学校へ統合
植物体の水や養分の通り道	6年	中学校へ統合
中和	6年	中学校へ統合
金属の燃焼	6年	中学校へ統合
電流による発熱の違い	6年	中学校へ統合
北天や南天の星の動き	6年	中学校へ統合
全天の星の動き	6年	中学校へ統合
堆積岩と火成岩	6年	中学校へ統合
軽　減	**措　置**	
植物のつくりと種類（1年）	植物の種類を限定	
昆虫のつくりと種類（3年）	昆虫の種類を限定	
複雑なてこの釣り合い（5年）	簡単なてこの釣り合いに限定	
月の動き（5年）	月の形の扱いを限定し、4年へ移行	
でんぷんの使われ方（6年）	でんぷんの生成のみに限定	
星の動き（6年）	星座の種類を限定し、4年へ移行	
選　択	**措　置**	
5年、6年に次の課題選択を導入		
動物の誕生（5年）	卵の中の成長、母体内の成長のいずれかを選択	
物の運動（5年）	振り子、衝突のいずれかを選択	
土のつくりと変化（6年）	火山、地震のいずれかを選択	

厳選とゆとり教育の時代の中学校理科の変更点

削　除	それ以前	
溶質による水溶液の違い	1年	
天気図の作成	2年	
情報手段の発展	3年	
移行統合	**それ以前**	**移行・統合**
力とばねの伸び	1年	高校へ統合
質量と重さの違い	1年	高校へ統合
水の加熱と熱量	1年	高校へ統合
比熱	1年	高校へ統合
水圧	1年	高校へ統合
浮力	1年	高校へ統合
花の咲かない植物	1年	高校へ統合
月の表面の様子	1年	高校へ統合
地球の表面の様子	1年	高校へ統合
惑星の表面の様子	1年	高校へ統合
外惑星の視運動	1年	高校へ統合
交流と直流	2年	高校へ統合
真空放電	2年	高校へ統合
電力量	2年	高校へ統合
無脊椎動物	2年	高校へ統合
日本の天気の特徴	2年	高校へ統合
電解質とイオン	3年	高校へ統合
中和反応の量的関係	3年	高校へ統合
電池	3年	高校へ統合
力の合成と分解	3年	高校へ統合
仕事と仕事率	3年	高校へ統合
遺伝の規則性	3年	高校へ統合
生物の進化	3年	高校へ統合
大地の変化の一部	3年	高校へ統合
地球上の生物の生存要因	3年	高校へ統合
軽　減	**措　置**	
溶解度とろ過（1年）	溶解度を定量的に扱わない。ろ過の内容を削除	
自由落下運動（3年）	斜面の運動は扱うが、自由落下運動は扱わない	
火成岩（3年）	火山岩と深成岩をそれぞれ1種類ずつ扱う	
集約・統合・重点化		
葉のつくりと働き（1年）と茎・根のつくりと働き（1年）を統合		
選　択		
科学技術と人間（第1分野）と自然と人間（第2分野）のいずれかを選択		

を「発展的な学習内容（発展学習）」として教科書に記載できるようになったのです。ただし「発展学習」はすべての生徒に指導するものではなく、授業で教えなくてもよいとされました。

†授業時間も教育内容も充実

理数教育充実の時代に入ると一転、「基礎的・基本的な知識・技能の習得」「思考力・判断力・表現力などの育成」の両方が必要であるとして、理数教育の充実が図られました。小中学校とも授業時間が増え、中学校では、授業時間が増加した科目の中で理科が最大でした。

小学校三年の「物と重さ」、四年の「骨と筋肉の働き」、六年の「食物連鎖」「月の位置や形と太陽の位置」などの単元が復活しました。五年の課題選択だった「卵の中の成長」と「母体内の成長」、六年の課題選択であった「火山の噴火による土地の変化」と「地震による土地の変化」が必修化されました。

中学校には「力とばねの伸び」「水圧」「プラスチック」「電力量」「熱量」「電子」「直流と交流」「力の合成と分解」「仕事、仕事率」「原子の成り立ちとイオン」「化学変化と電池」「放射線」「種子をつくらない植物」「無脊椎動物」「生物の変遷と進化」「日本の天気

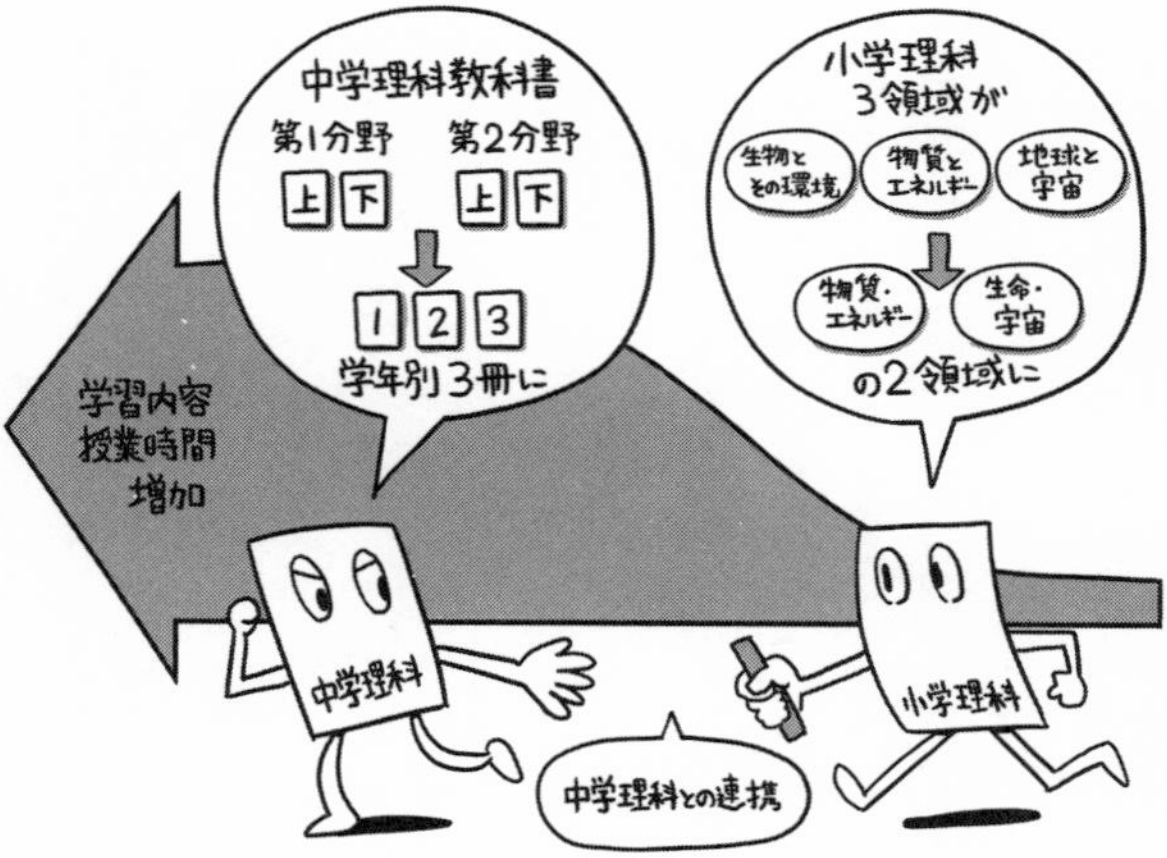

の特徴」「遺伝の規則性と遺伝子」「ＤＮＡ」「月の運動と見え方」「銀河系の存在」などが追加されました。

理数教育充実の時代〔続〕も前の期と同様に充実が目指されています。

†高校の理科教科書はどうだったか

本書は、小学校・中学校をメインとして扱いますが、ここで高校理科の教育課程も振り返っておくことにしましょう。

戦後、学制の改革により一九四八（昭和二三）年に新制高等学校が誕生しました。

高校は義務教育ではないので、以下のことを含んで考えます。

高校進学率は一九五〇年で四二・五％。一九五〇年代前半でも高校進学率が五〇％以下でした。それが、高度経済成長期に上昇を続け、一九七〇年代半ばごろに九〇%以上となった後、ほぼ横ばいで漸増という傾向に変わりました。近年は九六・五%前後となっていましたが、二〇一七年以降やや低下し二〇二〇年には九五・五%になっています。つまり一九七〇年代からは、高校教育は準義務教育として考えてもよいということです。

新制高校用検定教科書は、小学校と同じ一九四九年から使われました。小中学校が**生活単元学習の時代**ですから、高校理科教科書にも生活単元学習的色彩がありました。しかし、全体的には「生活」よりも「自然科学」を意識した構成でした。

たとえば、一九五四年当時、もっとも採択率の高かった物理教科書『物理　新版（上下）』（藤岡由夫ら、大日本図書）の「はじめのことば」を見てみましょう。

「われわれは中学校の理科で、たくさんの単元を学んでいた。その単元はわれわれの生活に関係する題目が主だった。このように実際のことがらについて調べて、そのことがらの成り立ちについて研究するのが、これまで学んできたやり方であった」とした上で、「しかしいろいろのことがらについて調べてみると、そのなかに共通に調べるとぐあいのよいことがたくさんある。その共通に調べることをたくさん集め、分類し、研究を進めていくのが自然科学である。（略）われわれはこれから物理の学問を、八つの単元について学んでいこう」と、単元を「生活単元」ではなく、「自然科学としての物理という学問」の単

高校理科教育課程の推移

告示年度	教科書使用開始年度	科目・単位数（　）内は時間数	備考
1952年（試案）	1953年	物理、化学、生物、地学各５（175）から１科目必修（卒業に必要な最低単位は５）	
（1956年改訂版試案の文字が消えた）	1956年	物理、化学、生物、地学各３（105）または５（175）から２科目必修（最低単位は6）	
1960年	1963年	物理Ａ３（105）、物理Ｂ５（175）、化学Ａ３（105）、化学Ｂ４（140）、生物４（140）、地学２（70）から12単位必修（普通課程）	理科教育のピークの時代
1970年	1973年	基礎理科６（210）、物理Ⅰ、物理Ⅱ、化学Ⅰ、化学Ⅱ、生物Ⅰ、生物Ⅱ、地学Ⅰ、地学Ⅱ（Ⅰ、Ⅱとも３（105））から基礎理科１科目またはⅠを２科目必修（最低単位は６）	高校進学率が90％超に 共通一次試験開始（1979年１月）
1978年	1982年	理科Ⅰ4（140）、理科Ⅱ2（70）、物理、化学、生物、地学各4（140）のうち理科Ⅰ必修（最低単位は4）	1987年共通一次の理科が１科目に。理科Ⅰ以外の履修者の減少始まる
1989年	1994年	総合理科４（140）、物理ⅠＡ、物理ⅠＢ、物理Ⅱ、化学ⅠＡ、化学ⅠＢ、化学Ⅱ、生物ⅠＡ、生物ⅠＢ、生物Ⅱ、地学ⅠＡ、地学ⅠＢ、地学Ⅱ（ⅠＡは２（70）、ⅠＢは４（140）、Ⅱは２（70））のうち、総合理科、各ⅠＡ、ⅠＢから２区分にわたって２科目必修（最低単位は４）	家庭科男女必修 社会科が地歴・公民になり拡大 理科離れが顕著に
1999年	2003年	理科基礎、理科総合Ａ、理科総合Ｂ（各２（70））、物理Ⅰ、物理Ⅱ、化学Ⅰ、化学Ⅱ、生物Ⅰ、生物Ⅱ、地学Ⅰ、地学Ⅱ（各３（105））のうち、理科基礎、理科総合Ａ、理科総合Ｂから少なくとも１科目を選択し、さらにそれら３科目の残りとⅠの中から１科目選択の２科目必修（最低単位は４）	「情報」必修 「総合的な学習の時間」の導入 全面実施は2003年
2009年	2013年	物理基礎、化学基礎、生物基礎、地学基礎、科学と人間生活（各２（70））、物理、化学、生物、地学（各４（140））、課題研究（１（35））から、最低次のいずれかを選択・物理基礎、化学基礎、生物基礎、地学基礎から３科目・科学と人間生活を選択する場合は、物理基礎、化学基礎、生物基礎、地学基礎から１科目	理数教育充実へ 全面実施は2013年（理科と数学は2012年から実施）
2017年【理科】	2022年	物理基礎、化学基礎、生物基礎、地学基礎、科学と人間生活（各２（70））、物理、化学、生物、地学（各４（140））から、最低次のいずれかを選択・物理基礎、化学基礎、生物基礎、地学基礎から３科目・科学と人間生活を選択する場合は、物理基礎、化学基礎、生物基礎、地学基礎から１科目	【理数】理数探究（仮称）の新設なども踏まえて、理科課題研究を発展的に廃止
2017年【理数】	2022年	理数探究基礎１単位、理数探究２～５単位	必修ではなく選択科目。理科からも数学からも履修可能

元としています。

ただし、生活単元的色彩を感じることもあります。「単元Ⅰ　光学機械には光のどんな性質が利用されているか」では、人の目の機能の拡張としての望遠鏡や顕微鏡の話から始めて、それらを構成する反射鏡やレンズ・プリズムなどのはたらきを調べ、ついで、「望遠鏡や顕微鏡の作用について学ぼう」としているところなどに生活感が見て取れます。科学技術立国を目指す日本では、一九五四年の理科教育振興法（理振法）に基づいて、理科備品の購入に国の予算がつきます。これによって、理科の設備や機器類が急速に整備されました。

次の一九六三年からは、高校理科がピークの時代でした。普通課程（普通科）では、物理・化学・生物・地学が必修でした。

†米国の現代化運動が日本に影響

戦後すぐのアメリカでは、敗戦国日本に影響したように「児童・生徒中心」「生活中心」の理科教育が、高校でも行われていました。しかし、徴兵されたアメリカ人青年の自然科学の学力が低く、最先端の科学技術で作られた兵器の操作に困難を生じるなどの、国家安全保障上の危機を背景にした「国防教育法」が制定され、科学教育の「現代化運動」

が起こります。

一九五六年、高校物理の改革を目的としてPSSC（物理科学研究委員会）が発足します。多くの科学者や高校教師が協力して、五年近い歳月と全米科学財団からの資金援助で教科書、生徒用実験装置、教師用指導書、テスト問題、生徒が直接経験できない実験の映画、副読本などが作られました。それまでの生活物理に慣れていた教師へのワークショップ（講習会）も行われました。

PSSC物理に始まって、CBA化学、CHEMS化学、BSCS生物、ESS地学、SMSG数学、そして中学校用のIPS物理科学などの教科書が作られました。しかしアメリカでは、多くの現場教師にそっぽを向かれ、成果をあげることはできませんでした。現代科学中心の教科書内容に教師や生徒がついていけなかったのです。その後、アメリカは「教育内容の現代化」から「教育の人間化」へと転じます。

しかし、この米国の現代化の成果は、とくに日本に大きな影響を与えたのです。わが国の指導的な理科教師や大学の理科教育研究者などが現代化を歓迎、日本語へ翻訳したり、米国から指導者層を招いて講演会を行ったり、米国の教科書に載った新しい実験の追試が行われたりしました。高度経済成長時代に入って科学が目覚ましく発展したことと呼応するように、日本は科学技術の高度な発展に対応する現代化を、中学や高校で行おうとしました。そのときに、アメリカの現代化の財産が六〇年代の日本の高校の理科授業に強く反映されたのです。

たとえば、高校の「化学Ⅱ」では、原子核のまわりの電子が、原子核に近い電子軌道から二個、八個……と入っているというよくあるタイプの図解ではなく、電子が存在の確率に対応した濃淡で原子にまとわりついたタイプのイメージ・モデルでした。電子は、決まった電子軌道の上を運動するのではなく、s軌道、p軌道……という具合の「電子雲」として広がっているというモデルです。

アメリカのCHEMS化学の教科書にあった「化学平衡」をエントロピー概念（教科書では「乱雑さ」）で考えることも化学Ⅱに導入されました。

しかし、アメリカ同様、日本の高校理科の現代化も失敗しました。教育内容の現代化は必要なことですが、現場の教師の授業実践に根づいたものでなければ、大量の理科嫌いを生んでしまうのです。

†高校の理科は選択制

一九八二年から高校に設置された共通必修科目「理科Ⅰ」は、物理、化学、生物、地学の基本部分の寄せ集めと言える科目です。教える側は、理科で教職免許を持っているとはいえ、それぞれ物理、化学、生物、地学のどれかの専門性が強い場合がほとんどです。そのため、理科Ⅰが登場したときには(教員が一人で授業をもつにせよ二人でもつにせよ)総合的に教えるのは困難だから、理科Ⅰは羅列的な授業にならざるをえないという批判が現場から出たものです。けっきょく理科Ⅰは、一九八九年の高等学校学習指導要領において廃止されました。

その後、一九九四年には総合理科、二〇〇三年には理科総合という具合に、高校生が全員学ぶ共通必修科目としての理科が復活することもありましたが、二〇一二年の学習指導要領改訂により、理科Ⅰのような共通必修科目はなくなり、すべての科目が選択になりました。

しかし、科目を選択すればよいという状況が続いてみると、理科Ⅰのような高校生すべてが学ぶ共通必修科目のプラス面も浮かび上がっています。

二〇〇三年からは高校も、小中学の**厳選とゆとり教育の時代**の影響を受けました。「生きる力の育成」と称しながら、厳選によって、義務教育の内容が約三割削減され、小学校の削減内容は中学校へ、中学校の削減内容は高校へと移行しました。

つまり、それ以前の時代と比べると、中学校までの内容は高校生になってようやく学習するということです。しかし二〇一二年より後の理科は、理科基礎、理科総合A、理科総合Bのなかからいずれか一科目の選択でいいので、必ずしも中学校から移行した内容をすべて学ぶとは限りません。その上、かつての中学理科で学んだはずのものを高校一年で習うということは、実質、残りの二年間で高校三年ぶんの内容を学習することになりました。それまで三年間かけてもなかなか難しいものだったのに、それを二年間でやらなければならなくなったのです。

理数教育充実の時代（二〇一〇年代）になると、高校にまわされていた内容は、けっきょく中学校に戻りました。しかし、相変わらず、高校生が全員学ぶ共通必修科目はありません。

二〇二二年現在の高校生が学ぶ選択制の理科基礎四科目（「物理基礎」「化学基礎」「生物基礎」「地学基礎」）は、一二年の学習指導要領改訂時に廃止された理科総合Aや理科総合Bと比べて、ずっとレベルが高い内容になっています。なぜなら、理科総合Aや理科総合Bには、中学校から移行した内容がありましたが、それらが中学校に戻っているからです。

教科書内容がとくに大きく変わったのは生物基礎です。生物Ⅰ「遺伝」の「遺伝の法則」は、中学校で学ぶ内容でいいと、高校生物教育の柱ではなくなりました。代わりに、「遺伝子の働き」として「遺伝情報とDNA」、生物Ⅱから生物基礎に降ろされた「遺伝情報の分配やタンパク質の合成」が教科書に載ることになりました。

そして、二〇二二年度からは、新教科「理数」が登場します。これは、「理数探究基礎」と「理数探究」の二科目からなります。「理数探究基礎」は実験や観察の手法、研究倫理などについて学ぶもの。「理数探究」は自ら課題を設定し、探究の過程全体を実施するものです。この教科は、どちらも選択科目ですが、理数科だけではなく普通科からも学べます。

第二章　日本は科学の国という夢——超難しかった物理・化学

†実験主体の豊かな授業

自転車は子どもにとって非常に身近ですから、単元学習時代には小学校でも中学校でも自転車をテーマにした学習がありました。回転する車輪は、倒れそうになると、進む方向が変わって倒れないこと、車輪が速く回転すればするほど、この力が強くなるということです。筆者は中学校の校庭で、自転車がなぜ倒れないかを習った記憶があります。小学校の教科書にもあったはずですが、そちらは覚えがありません。

一九五〇年代の**生活単元学習の時代**は、「自転車——たおれないわけ／走るしくみ／軽く動くしくみ／とめるしくみ／乗りごこち／丈夫な車体」（小学五年）で、実験をもとに自転車のどこに、どんなしくみがあるかを調べました。

「たおれないわけ」の授業では、まず、自転車の後輪を勢いよく回して、自転車を傾けようとすると、それに逆らう力を感じるという実験をします。走っている自転車が倒れないのは、「回っているものには、その軸の向きを変えまいとする性質がある」としています。

「走るしくみ」は、三つのしくみを見ます。一つ目は、クランクにつながる大きい歯車の歯の数と後輪の小さい歯車の歯の数から、大きい歯車が一回回ると小さい歯車が約二回半回ること、車輪の周りは約二メートルあるからクランクを一回回すと自転車は二メートルの二倍半の約五メートル進むことです。

二つ目は、チェーンが運動を伝えること。三つ目は、フリーホイールの働きで、ペダルをこぐのを止めても惰性で回転が続くことです。

「軽く動くしくみ」は、地面とタイヤの間のすべり摩擦より小さい転がり摩擦の利用とボールベアリングの働きを説明しています。

続く六〇年代の**系統学習時代**では、自転車について内容を整理し、それまでの小学五年「まさつの力」のなかで、まさつの力を小さくするために転がり軸受け（ボールベアリング）について詳しく説明しています。その後、自転車についての学習はなくなります。

一九九〇年代の**個性化・多様化さらなる精選の時代**で生活科が誕生し、小学一年・二年の理科がなくなった弊害がよくわかるのは「じしゃく」の学習です。

系統学習時代の小学一年「じしゃく」では、磁石がどんなものを引きつけるか、磁石のどこがよく引きつけるか、離れていても引きつけるか、紙やガラスを間に置いても引きつけるか、を学習しました。さらに小学三年では「じしゃく」で磁石をつくったり、磁石のN極・S極、磁石が指す向きを学習しました。

一九七〇〜八〇年代、すなわち**現代化の時代**と、それに続く**学習内容精選開始時代**でも同様です。体験を重視した小学一年「じしゃく」の学習の上に、小学三年「じしゃく」の学習がありました。これは二〇一〇年代の**理数教育充実の時代**の小学三年の磁石の学習と比べても、ゆたかな学習でした。

†長期間教科書に残り続けた「すなぐるま」

理数教育充実の時代の小学教科書になるまで、物の重さの学習は弱いままか、おかしな形で教科書に載っていました。

その代表が**現代化の時代**で新しく加えられた項目、一年「すなぐるま」でした。砂車の実験を通して「物には、かさと重さがあり、大小・軽重の違いがあることを理解させる」

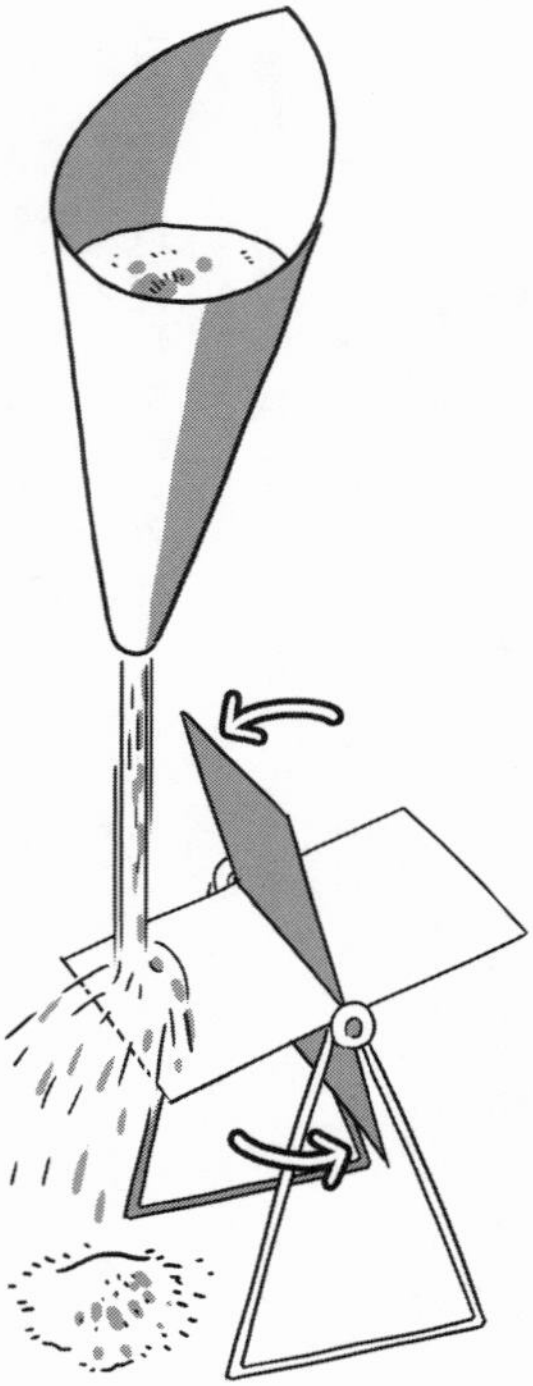
すなぐるま

とされていました。
砂や小石、おがくずなどを砂車の羽根に落としたときに、落とし方や、かさのちがい、落ちる物の種類の違いで砂車のまわり方が変わることから、物にはかさと重さがあることを理解させるというのです。
たとえば、砂車がよく回るには、羽根のどこに落とすとよいか、砂をどのくらい落とすとよいか、落とす高さはどのくらいがよいかなどをやってみて、砂をたくさん落とすと速く回るのはなぜかを問います。
では、この問いを考えることで、「物には、かさと重さがあり、大小・軽重の違いがあ同じつみ木を，下の絵のように，ちがった3つのむきにして，はかりの上におきます。

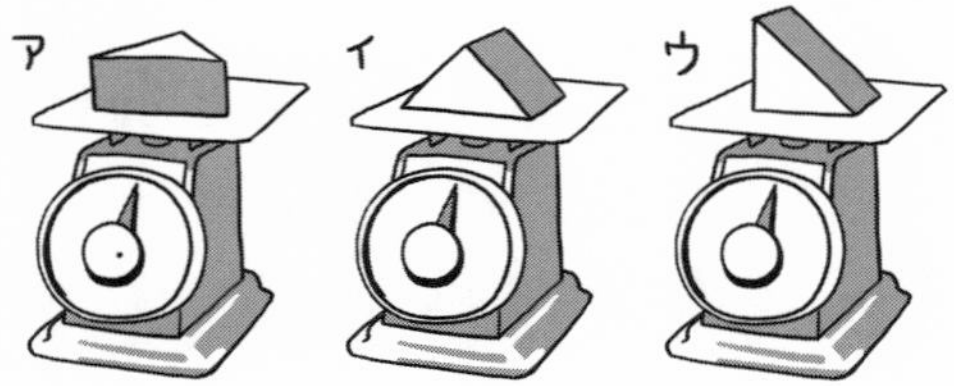

はかりがしめす重さはどうなりますか

① アのめもりが，いちばん重いところをさす
② イのめもりが，いちばん重いところをさす
③ ウのめもりが，いちばん重いところをさす
④ ぜんぶ同じ重さをさす

国／地域	正答率
リトアニア	88
モルドバ	87
ロシア	86
スロベニア	85
台湾	85
ラトビア	84
シンガポール	79
ハンガリー	79
イタリア	78
イギリス	76
アルメニア	74
オランダ	74
オーストラリア	74
ベルギー（フラマン語圏）	73
アメリカ	73
国際平均値	72
イラン	72
香港	69
スコットランド	68
日本	66
ニュージーランド	66
キプロス	63
ノルウェー	54
モロッコ	54
フィリピン	52
チュニジア	45

IEA 国際数学・理科教育動向調査の2003年調査（TIMSS2003）より

ることを理解させる」ことができるでしょうか。おそらくただ砂車を回して終わりです。これで、「物の形が変わっても重さは同じまま」(**理数教育充実の時代**の小学三年教科書の記述)という認識が得られるはずはありません。

ここは**理数教育充実の時代**には、粘土などを使って、「物の置き方や形を変えると重さは変わるだろうか、塩と砂糖を使って、体積が同じでも、物によって重さはちがうのだろうか」ということを、小学三年で学習するようになりました。国際的な理科調査で、わが国の小学生が物の重さの認識が弱いことが明らかになったからです。

筆者は、小学理科では「物の形が変わっても重さは保存される」「物が出ていけばそのものの分軽くなる。物が付け加わればそのものの分重くなる」などの学習が必要であると、かねてから主張しています。さらに、物質の重さの基礎的な認識は、その後も、「状態変化や溶解」「化学変化」などの学習でも活用して、生きた知識にすることが必要です。

残念なのは、**理数教育充実の時代**でも、小学三年の学習後にその学習の発展と言えるのは、五年の「物のとけ方」(溶解前後で重さが変わらない)だけということです。四年「水のすがたと温度」、六年「物の燃え方」でも、繰り返し活用すべきだと思います。

†小学校で習った滑車と輪軸

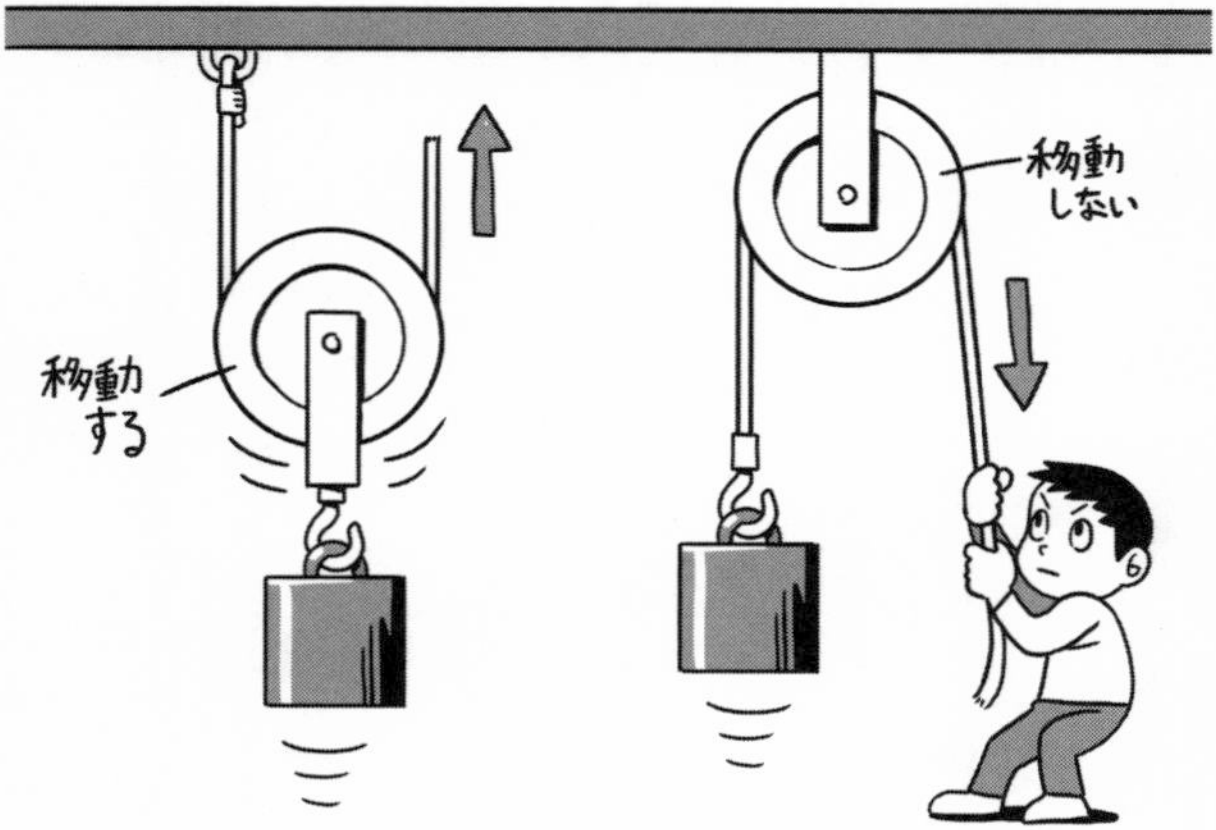

系統学習時代には、小学六年で「ばねのはたらき」「てこと輪軸」と「滑車」を学習しました。**現代化の時代**には、小学五年で「てこ」、六年「つるまきばね・滑車・輪軸」を教えられていました。

ところが、次の**学習内容精選開始時代**になると、六年「てこ」が中心になります。「てこを使って、力の加わる位置及び大きさを調べ、てこの原理及びそれを利用した道具について理解させる」ことがねらいになり、滑車や輪軸は軽い扱いになってしまい、輪軸にいたってはなくなってしまいました。

小学六年「てこ」中心は、現在の**理数教育充実の時代〔続〕**まで続いていますし、今後も続くことでしょう。

かつての滑車の学習では、定滑車と動滑車、滑車の組み合わせが扱われていました。

動滑車は、小さい力を大きくして働かせる滑車です。物と滑車を合わせた重さの二分の一の力でつり合わせることができるので、この力より少し大きな力を加えればよいのです。動滑車のつり合いは、支点が端にあるてこのつり合いと同じように考えることができます。定滑車は加えた力を違う向きの力として伝えることができます。

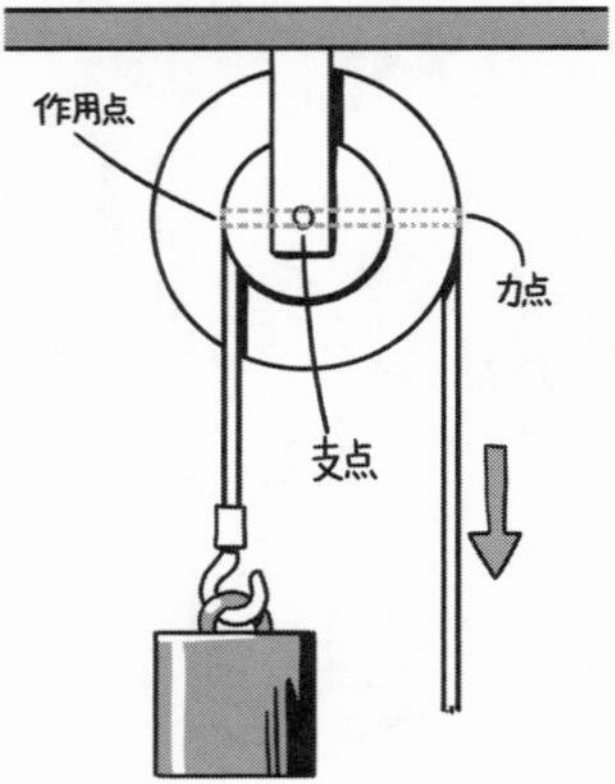

輪軸は、大きい車（輪）と小さい車（軸）を組み合わせて一緒に回るようにしたしくみです。軸の中心を支点、軸の外側を作用点、大きな輪の外側を力点とするてこと考えることができます。自動車のハンドル、ドアの取っ手、ねじ回しなど、身のまわりにも輪軸のしくみが使われているものがあり、軸を直接回すより、ずっと小さな力で回すことができます。

✝中学で運動の第二法則を学んだ高度な時代

いま、運動の第二法則は、高校物理の範囲です。しかし**現代化の時代**には、中学理科で習っていました。

何の力も受けていない（複数の力を受けていても全体を足し合わせると力ゼロの）物体は、静止あるいは一定の速度で運動を続けます。それが慣性の法則です。では、その物体が力を受けるとどうなるか。これへの解答が運動の第二法則です。

まず加速度について。加速や減速のときに、単位時間（一秒間）にどのくらい速度が変化するかということを表すのが加速度です。式では、

加速度＝速度／時間

となります。速度の単位はｍ／ｓ（メートル毎秒）、時間の単位はｓ（秒）ですから、加速度の単位はｍ／s^2（メートル毎秒毎秒）です。速度は身近ですが加速度はなかなか実感しにくい量です。乗り物でアクセルを踏んだりブレーキを踏んだりするとき、加速時にはシートに体が押しつけられ、減速時には前へつんのめりそうになります。こうして間接的に体感することがあるでしょう。たとえば、新幹線の発車時の加速度は0.5ｍ／s^2程度です。

次に、「物体が力を受けたときに生じる加速度の大きさ」を問題にするとき、「その加速度の大きさは力の大きさに比例し、質量に反比例する」という法則が運動の第二法則です。これを式で表すと次のようになります。

質量×加速度＝力、これを変形すると、加速度＝力／質量です。

つまり、物体に外部から働く力（単位はニュートン）／物体の質量（単位はキログラム）の加速度（単位はメートル毎秒毎秒）が生じるのです。

たとえば、ストローの中の口元側にマッチ棒を入れてふくとマッチ棒が飛び出します。ストロー一本のときとストローを二本つなげて長くしたものでは、同じようにふいたときに、二本つないで長くしたストローのほうが、マッチ棒はずっと遠くまで飛びます。短銃よりもライフル銃のほうが弾丸の初速が大きく、遠くまでとぶ理由も同じです。短銃の初速で秒速二五〇～四〇〇メートル、ライフル銃では八〇〇～一〇〇〇メートルになるといわれています（もちろん銃と弾丸にもよりますが）。短銃よりライフル銃のほうが力→加速の状態が長く続くからです。

†中学校物理分野は測定、有効数字や誤差から学習

筆者が大学院を修了して中学校で理科を教えるようになったのは、**現代化の時代**でした。アメリカの科学教育現代化運動の影響を強く受けた教科書では、観察、分類、記録と伝達、条件の制御、測定、グラフ化とその解釈、操作的定義、仮説の設定、モデル化などの「科

学の方法」なるものが重視されました。

その最初の七二年教科書では、鉛筆の長さの測定で誤差や有効数字を学習したり、ヒストグラム（度数分布図）の作り方も扱いました。しかし、現場からやり過ぎの意見が多かったからか、四分の一改訂された七六年教科書では、鉛筆の測定やヒストグラムの作り方などはばっさりと削除されて、直接、物体の体積と質量の測定に入っています。

この時代には、「等加速度運動」で加速度や斜面の落下運動・自由落下運動などが等加速度運動であることを扱い、「力と運動」で慣性の法則（運動の第一法則）と運動の第二法則を扱っていました。しかし、**現代化の時代**を過ぎてからは、加速度も運動の第二法則もなくなっていきます。中学生には高度で理解しづらかったという面があったからでしょう。

ともあれ、「等加速度運動」や「力と運動」で大活躍したのが、記録タイマーでした。台車の斜面の落下運動や自由落下運動を記録タイマーで記録・解析しました。義務教育の理科で記録タイマー重視になったのは、**現代化の時代**からです。

†物体の質量と加速度の間にある関係

落下運動は、地球の重力の働きで速度が増加する運動（加速度運動）です。とくに空気の抵抗がなく、また最初の速度（初速度という）がゼロの状態の落下運動を自由落下といいます。

空気の抵抗力が無視できるような場合では、物は同時に落下します。学校などで次のような実験を見たことはないでしょうか。

ガラス管の中に鉄板と羽毛が入っています。これを逆さにすると、鉄板はすぐ落ちますが、羽毛はふわふわとゆっくり落ちます。次に、真空ポンプにつないでガラス管の中の空気を抜いてから同じことをやると、鉄板も羽毛もストンと同時に落ちます。同時に落ちるということは加速度が同じということです。

感覚的には、たとえば質量が一〇〇グラムの物体と、その一〇倍の一キログラムの物体なら、受ける重力が一〇倍も違うのですから一〇〇グラムよりも一キログラムのほうが、一〇倍の加速度になるはず。でも同じになるということは、受ける力による加速度の増え方が一キログラムの物体のほうでは一〇倍邪魔する〝何か〟があるはずです。

その加速を邪魔するのが〝質量〟です。一〇〇グラムの物体よりも一キログラムの物体のほうが加速を一〇倍邪魔するので同時落下になります。これが、加速度の大きさは質量の大きさに反比例するという意味です。

運動の第二法則のような基本的な法則を、中学生の実験記録から導き出そうとすることはかなりの無理がありました。推論あるいは思考実験で定式化しておいて、実在する摩擦力などの誤差の原因などを認めた上で、大ざっぱな実験で確かめ、さらに自由落下運動などの現象について考えていくなかで理解を深めていくしかなかったからです。

†放射能・放射線を理解させていた六〇年代

系統学習時代の教科書の中学三年「原子の構造と放射線」は、次のようにはじまります。「いまから七〇年ほど前まで、原子というものは、もうそれ以上こまかく分けることのできない、物質のいちばん小さな単位だとおもわれていた。原子は目で見ることはできないが、現代の科学者は、いろいろな現象を通じて、原子がもっと小さな多くの粒子からなりたっていることをあきらかにした。原子力や放射能などは、みな、原子の世界での粒子のふるまいがもとになっているものである」

構成をみると、「一、原子の大きさと構造」「二、原子核」で、原子の構造や原子核の質量は、陽子の数と中性子の数とによってきまる。陽子の数と中性子の数との和を質量数という。質量数は、原子の質量を比較するときのめやすになること、同位体を説明した上で、「三、放射能」へ進みます。中学生に、どのくらい詳しく教えていたでしょうか。

黒い紙で包んだ写真乾板の上にウラン化合物をのせておくと、写真乾板は感光します。これは、ウランから黒い紙を透過する目に見えない放射線が出ているからです。このように放射線を出す性質を放射能といいます。放射能をもつ原子には、ウランのほかにラジウムなどがあります。

放射能をもつ原子核は、放射線を出しながら、自然にほかの原子核に変わっていきます。放射性物質が出す代表的な放射線には、α線、β線、γ線の三種類があります。

α線……ヘリウム原子核の流れ

β線……原子核の中からとび出した電子の流れ

γ線……エネルギーの高い電磁波

これらの放射線は、写真のフィルムを感光させたり、けい光物質を光らせたり、物質を透過したりします。

また、原子をイオン化したり、生物の細胞をこわしたりする性質があるため、放射線を人体が大量に受けるのは危険です。

六〇年代には、中学生でさえ放射線と放射能の違いを学んでいたわけです。さらに**系統学習時代**の中学生たちは、「四、原子核の人工変換」までも学習しました。

ふつうの化学変化では、原子は、他の原子と結びついたりして、その組みあわせは変わりますが、原子核そのものがほかの原子核に変わることはありません。ところが、このような原子でも、原子核に中性子やα線などをぶつけると、他の原子核に変わることがあり

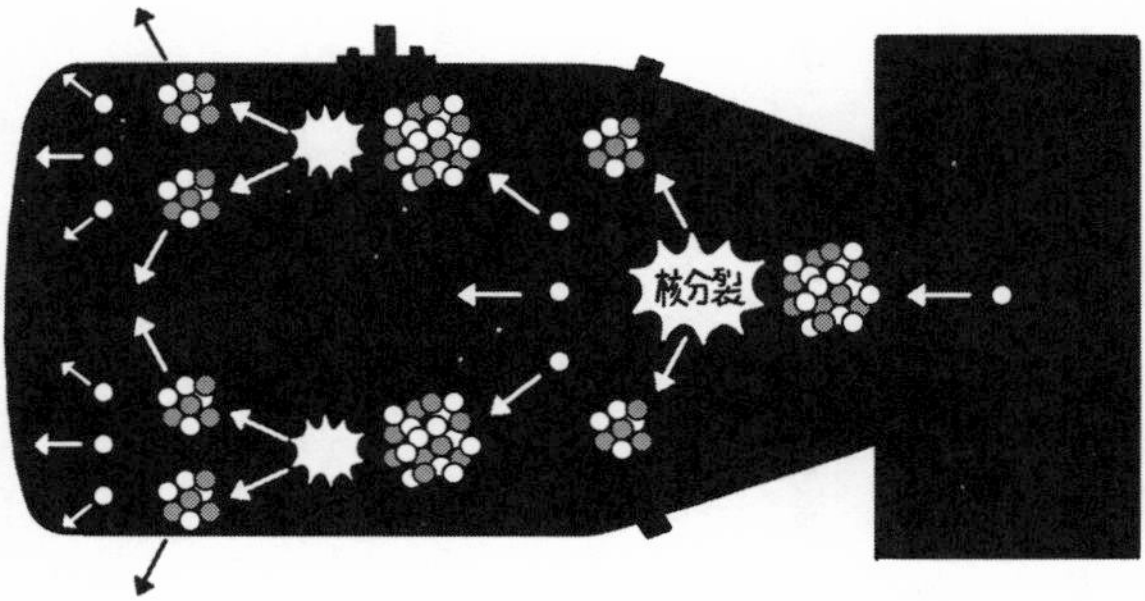

ます。このことを利用して人工的に原子核の変換を起こすことができます。たとえば、窒素の原子核にα線をぶつけると、酸素の原子核に変わり、ベリリウムにα線をぶつけると、炭素の原子核に変わります。

コバルト59は放射性をもっていませんが、これに中性子をぶつけると放射性をもち、γ線を出すコバルト60になります。こうしてつくった人工放射性物質のコバルト60は、がん治療などの医療用に用いられます（元素名の後の60などの数字は、質量数＝陽子数＋中性子数）。

天然に存在する元素は原子番号92番のウランまでですが、周期表には、二〇二二年二月現在一一八種類の元素が載っています。原子番号92番以降の元素は、原子核にα線、陽子、重水素（水素の同位体で質量数が2。ふつうの水素は1）、中性子、他の原子の原子核などをぶつけて人工的につくった元素です。

ウラン235の原子核に中性子をぶつけると、原子核は壊れて二つの新しい原子核ができます。このような反応を核分裂といいます。

第二次大戦中、広島に投下された原子爆弾は、ウランの同位体のなかでもっとも核分裂を起こしやすいウラン235を使いました。ウラン235が核分裂を起こすとき、中性子が二〜三個飛び出し、同時に多くのエネルギーが放出されます。そのとき飛び出した中性子がさらに近くのウラン235の原子核にぶつかって核分裂を引き起こします。このように次々と核分裂が起こることを核分裂連鎖反応といいます。その結果、莫大なエネルギーが放出されます。このエネルギーが原子エネルギーまたは核エネルギーです。

†大きな転換点は、福島第一原子力発電所事故

中学理科における放射能・放射線の学習は、**系統学習時代**の教科書がもっとも高度でした。この後の**現代化の時代**でも、軽減されていたものの放射能や放射線は扱われていました。しかし続く約三〇年間（**学習内容精選開始時代**、**個性化・多様化さらなる精選の時代**、**厳選とゆとり教育の時代**）、放射能・放射線の学習は、「まわりに自然放射線がある」ことを簡単に述べるだけの非常に軽い扱いが続きました。

中学理科に本格的な放射能・放射線の学習を入れることは原子力業界の悲願でした。「まわりに自然放射線がある」ことを扱うことになったのも原子力業界から「原子力アレルギー」をなくすために入れて欲しいという申し入れがあったという話もあります。

二〇〇〇年代半ばから、それまで欧米では安全性やコストの問題で建設が停滞していた原子力発電の見直しや建設計画が登場して、原子力ルネサンスが言われるようになりました。原子力業界の悲願が、ついに**理数教育充実の時代**の教育課程で放射能・放射線の学習が入ることで達成されることになりました。

原子力業界としては、とくに放射線には自然放射線と人工放射線があること、放射線は現代社会で様々に利用されるプラスの存在であること、原子力発電所は何重もの壁によって安全性が保たれていること、の学習を期待していたことでしょう。

しかし、二〇一一年三月一一日に、東北地方太平洋沖地震による地震動と津波の影響により、東京電力の福島第一原子力発電所で深刻な事故が起こりました。**理数教育充実の時代**の四分の一改訂教科書以降は、福島第一原子力発電所の事故も織り込んだ内容になっています。中学三年「放射線の性質と利用」の導入は、「身のまわりには、レントゲン検査など、放射線を利用したものがある。一方、原子力発電所など、事故によって放射線の影

放射能の人体への影響

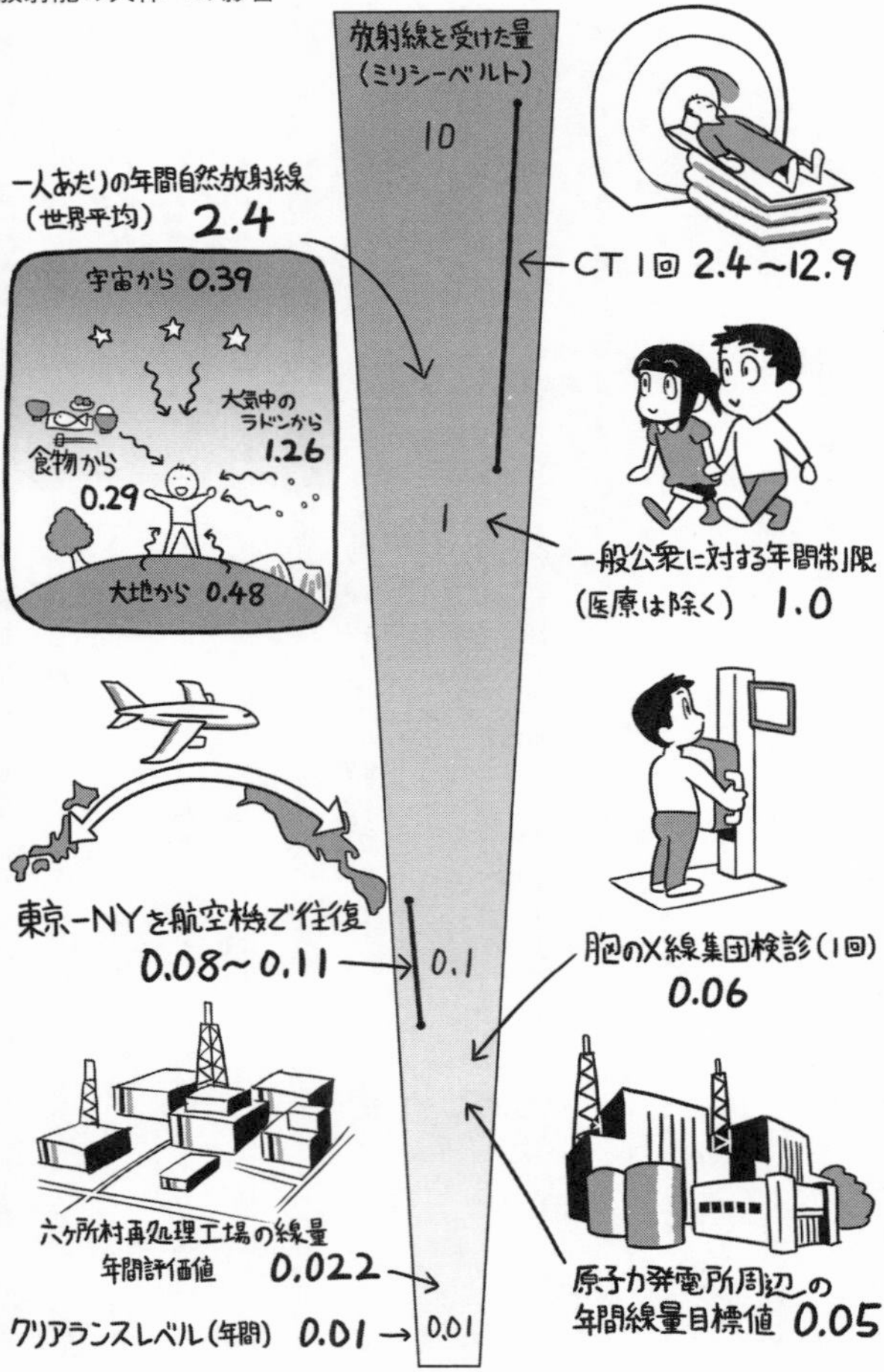
放射線を受けた量
（ミリシーベルト）
10
1
0.1
0.01
一人あたりの年間自然放射線
（世界平均） 2.4
宇宙から 0.39
大気中のラドンから 1.26
食物から 0.29
大地から 0.48
CT 1回 2.4～12.9
一般公衆に対する年間制限
（医療は除く） 1.0
東京－NYを航空機で往復
0.08～0.11
胸のX線集団検診（1回）
0.06
六ヶ所村再処理工場の線量
年間評価値 0.022
原子力発電所周辺の
年間線量目標値 0.05
クリアランスレベル（年間） 0.01

響が生じる場合もある。まずは放射線について、知っていることをあげよう」です。

用語として、放射線、放射性物質、放射能、ベクレルを学習して、「放射線の種類」「放射線の性質とその利用」「放射線の人体への影響」を学習します。コラム「放射線から身を守るために」は、外部被ばく、内部被ばく、除染作業が出てきます。

†金属の学習はどんどん軽い扱いに

私たちの身のまわりには、鉄、銅、アルミニウムなどの金属がたくさん使われていますから、**生活単元学習の時代**はもちろん**系統学習時代**でも、金属の性質やさびについて詳しく教えられていました。

金属の新しい面の色やつや、金属の硬さ、金属の重さ（正確には密度）、金属を酸性やアルカリ性の液に入れたときの変化、金属の特徴として、力を加えると細くのびたり、うすく広がったりする性質、鋼鉄の焼き入れ（硬くなるが折れやすくなる）、焼き入れしたものを強く熱して、ゆっくり冷やす焼きなまし（やわらかくなって折れにくくなる）も実験をもとに学びました。

さびのできかた（鉄の黒さびや赤さび、銅の黒さびや青さび、アルミニウムの白いさび）、さびの防ぎかた（ろう紙や錫箔などで包む、油、エナメルなどを塗る、さびにくい金属でめっきする、黒さびをつける）を学習しました。

「合金」では、はんだづけの仕方も丁寧に扱っていました。扱われた合金は、はんだ、黄銅、ヒューズ、ニクロム、ジュラルミン、ステンレス鋼でした。

現代化の時代には、金属の学習は非常に軽くなり、さびの学習だけになりました。中心は鉄の黒さびの性質と赤さびの性質を、実験でさびをつくって探究することになりました。

しかし、その後はさびの学習も消えていきます。

小中学校に金属の学習が復活したのは、**厳選とゆとり教育の時代**の中学一年でした。そこでは、金属の特徴として、金属光沢、延性・展性（力を加えると細くのびたり、うすく広がったりする性質）、電流をよく流すことを学ぶようになったのです（**理数教育充実の時代**以降も継続）。

けれど、**系統学習時代**の小学六年の「金属とさび」「合金」の内容レベルは、**厳選とゆとり教育の時代**に復活した中学一年「金属」よりも、ずっと高度で幅が広いものでした。

†誤解させる実験「石けん水で物の溶け方」

まず基本的な知識です。水にいろいろな物を入れてかき混ぜます。砂糖や塩化ナトリウムを入れたときは、それらの姿は見えなくなり、無色透明の液体になります。このとき砂糖や塩化ナトリウムは「水に溶けた」と言います。

水に物を溶かしてできた液体が水溶液です。水溶液中で物は小さな粒子（分子・イオン）にばらばらになっています。水溶液は光がほとんど素通りするため透明になるのですが、色つきの透明の場合もあるので無色とはかぎりません。水に入れた物が浮いていたり、沈んだままだったりしているとき、その物は水に溶けていない状態です。

では、にごりは、どうでしょうか。デンプンを水に入れてかき混ぜると、白くにごります。しばらくすると底に沈んでたまります。にごりは、まだたくさんの原子や分子が集まった小さな粒が水中に散らばっている状態です。

原子や分子が一個一個ばらばらになってやっと「溶けた」と言えます。それが水溶液かどうかの判断基準で、溶かした物（溶質）が見えなくなって透明になる、という事実が大切です。

ところが、**現代化の時代**の小学理科教科書では、「物の水への溶け方」を石けん水で導入していました。小学二年「せっけん水」は、「せっけんがとけているのはどれでしょうか」から学習が始まりました。白濁していることで石けん水を捉えさせようとしています。これは物が水に溶けたかどうかを透明性ではなく、濁っていることから認識してしまうので間違った認識を強めます。

そして、その上でシャボン玉遊びを学習します。石けんを溶かして、石けん水の色やシャボン玉のでき方調べ。石けんをはやく溶かす方法。濃い石けん水をつくったり、濃い石けん水を薄めてシャボン玉がよくできる濃さに調整します。

「ドロップ・角砂糖・片栗粉・バター・砂は水にとけるだろうか」という問いかけもありますが、石けん水で「水に溶けるとは?」を学習してしまった児童には、片栗粉も砂も「濁るので水に溶ける」と答えてしまう子どもが一定数でたことでしょう。

石けん水は、**系統学習時代**でも小学二年教科書「しゃぼんだま」で扱われていました。石けんを水にはやく溶かすにはどうすればいいか、シャボン玉を大きくふくらませるにはどうすればよいか、という二ページ展開でしたが、**現代化の時代**には、六ページにわたってしっかり学習することになります。

学習内容精選開始時代では、それまで同様、「石けん水からシャボン玉へ」を重視する教科書と、物の水への溶け方を重視しシャボン玉は遊びとして付け足すだけの教科書に分かれました。その後、批判が多かった「石けん水で物の水への溶け方を学ぶ」学習はなくなっていきました。

石けん水と、砂糖や塩化ナトリウムの水溶液とは違いがあります。溶液は、その中に分散している粒子の大きさによって大きく真溶液(あるいは単に溶液)とコロイド溶液に分

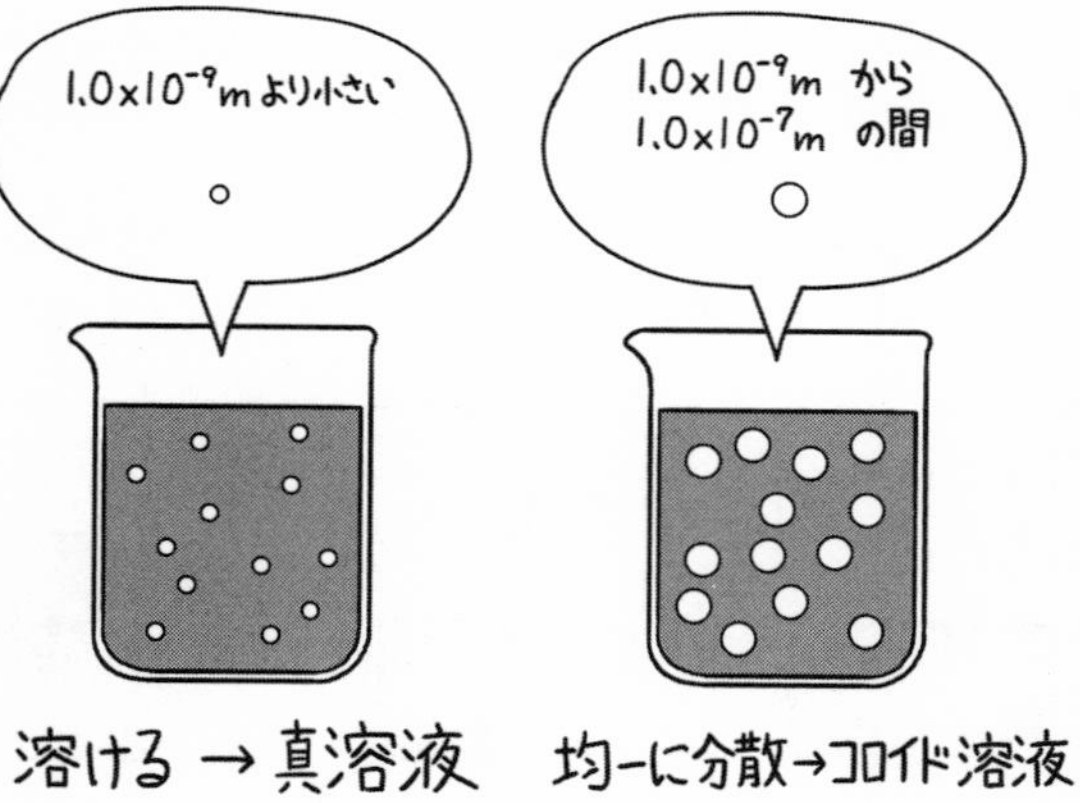

けられるのですが、石けん水で溶液を学ぶと、この真溶液とコロイド溶液の違いがわからなくなってしまうのです。

真溶液は、溶質が分子やイオンで、直径が10のマイナス9乗（10^{-9}）以下の粒子です。真溶液は透明で均一です。コロイド溶液は、直径が10のマイナス9乗からマイナス7乗（10^{-9}〜10^{-7}）メートル程度の粒子（コロイド粒子）が分散している溶液です。目的によっては10^{-6}メートル程度のものでもコロイド粒子とよぶ場合もあります。原子の直径は10のマイナス10乗（10^{-10}）メートル程度なので、コロイド粒子は直径で原子の一〇〜一〇〇〇倍です。体積ではその三乗倍。つまり、コロイド粒子一個は、一〇〇〇〜一〇億個の原子を含んでいることになります。

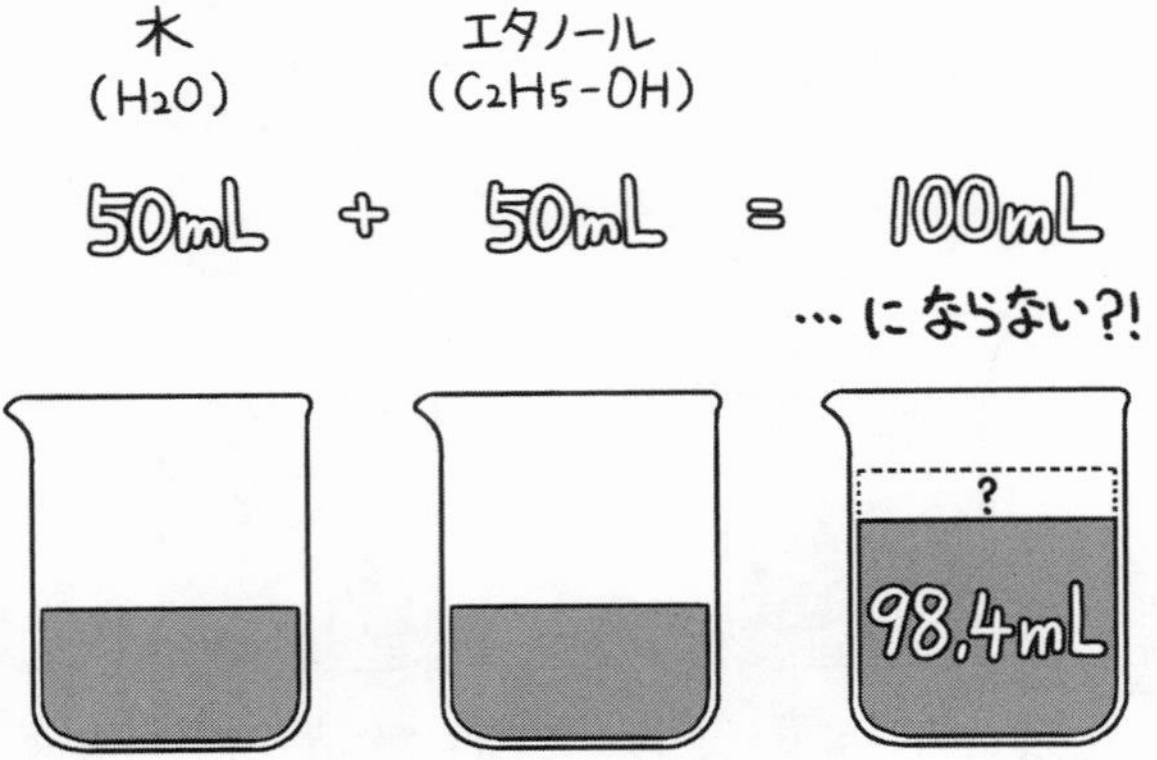

↑水とエタノールを足した体積が合計にならない理由

現代化の時代の中学教科書は、「モデル」をつくることが非常に重視されていました。

粒子モデル（原子モデルや分子モデル）の重視は、クリップをつないだり、ボルトとナットを結びつけたりして説明しましたが、それはモデルのためのモデルいじりとしか思えないものでした。ここでよく使われたのが、水とエタノールの溶解の例です。

水五〇ミリリットルとエタノール五〇ミリリットルを混ぜると、体積は混ぜる前の合計（一〇〇ミリリットル）ではなく、九八・四ミリリットルになります。どうして減少したのでしょうか？

この体積減少は、米粒と大豆粒（またはあ

ずき粒など)、大きさの違う粒でモデル的に説明されていました。水分子を大豆粒、エタノール分子を米粒として、隙間の大きい大豆粒に米粒が入り込むという授業がされました。読者にはそう習った方が少なくないのではないでしょうか。

一見、もっともらしいと思われるかもしれません。しかし、大豆と米のモデル的説明には、分子の大きさが違う物質の溶解時には必ず体積減少が生じると勘違いされてしまいかねない危険が生じます。

たとえば、砂糖と水、ナフタレンとベンゼンでは、溶解前後で体積は変わらないのです。塩化ナトリウムと水では体積減少が起こりますが、逆に、ベンゼンと酢酸、アセトンと二硫化炭素、ベンゼンと二硫化炭素では溶解後に体積が増えます。

つまり、溶解時の体積変化は、米粒と大豆粒の混合モデルでは説明できないのです。溶解のような複雑な現象を一つの事実だけで一般化してしまう行き過ぎの面があったと思います。

意欲的な理科授業の功罪

現代化の時代の中学校理科教科書は、意欲的な試みがみられます。固体・液体・気体の三態やその間の三態変化を粒子モデルで考えたり、気体の分子運動をモデル的に示す実験器を使ったり、オレイン酸の単分子膜をつくって分子の大きさをはかったりするものもありました。なお、この時代の教科書は、モデル化と共にグラフ化の指導が重視されていました。グラフ化では、軸の取り方、目盛りの間隔の決め方などを考えて適切なグラフを描き、そのグラフをもとに実験結果を解釈しました。

モデル化とグラフ化によって、データをもとに推論することで理科が好きになった人がいたいっぽう、それについていけなかった人を生み出したことは、想像に難くありません。じっさい理科が苦手だという人が増えました。「おもしろくない」「ついていけない」という子どもが大量に出たことも、中学理科の教育課程が学習内容の「精選」につながり、教科書のページ数を減らした原因の一つです。

現代化の時代、「イオンの反応」の項で、イオンの沈澱反応やそれを利用したイオンの検出を学びました。筆者は中学三年時に、イオン反応の実験で化学が大好きになりました。無色透明の液が入った二本の試験管。一本の中身をもう一本に注ぐと、白色沈澱が生じました。目の前で無色から白色に変わる反応に感動しました。

筆者がやった実験は、炭酸イオンとカルシウムイオンが出合って水に不溶の炭酸カルシウムができて白濁したものでした。他にも塩化物イオンと銀イオンから塩化銀の白色沈澱ができることも扱われました。

しかし、その後、イオン反応から沈澱反応を得る実験は、中学の実験からほとんどなくなりました。中和の実験で、うすい塩酸と水酸化ナトリウム水溶液の反応のサブとして、うすい硫酸と水酸化バリウム水溶液から硫酸バリウムの白色沈澱ができる反応が扱われることがあった程度でした。

†原子・分子は早期導入が身につく

原子・分子は、中学二年の「化学変化」単元で導入されています。このとき、化学変化という現象を巨視的（マクロ的）に見る見方と微視的（ミクロ的）に見る見方との関係が問題になります。

個性化・多様化さらなる精選の時代まで、化学反応の授業は、まずマクロ的な内容からミクロな内容（個別事象）を学習するという順序でした。つまり中学教科書では、燃焼や酸素以外との反応、熱分解や電気分解、化学変化前後での質量保存という巨視的な見方をまず十分育てる。それから原子・分子という微視的な見方を導入するという考えで書かれてきました。単元の最後の最後に原子・分子が登場し、化学反応式まで学習します。学習指導要領は、そのような流れになっていました。

筆者は**個性化・多様化さらなる精選の時代**に中学理科の教科書編集委員・執筆者になり

ました。

そこで、筆者の持論「原子・分子やエネルギーといった基本的なものは、早い時期に導入し、初めは浅い理解であってもその考えをさまざまな場で使っていくなかで深い理解に達する学習方法がよい」との考えから、化学変化単元の構成を大きく変えることを主張しました。

中学校で行われるカルメ焼き実験のねらいは、炭酸水素ナトリウム（重曹）の熱分解です。炭酸水素ナトリウムは、熱すると二酸化炭素と炭酸ナトリウムと水に分解されます。水はさらに電気分解で水素と酸素になりますが、もう水素と酸素より小さくは分解しないことから、「原子」を教えるという展開です。そうすると、単元の早めに原子が導入され、原子と分子、元素記号から化学反応式まで早めに教授することができます。

原子・分子の理解がまだ浅くても、鉄と硫黄、マグネシウムや銅や炭素と酸素を反応させるなど、具体的にみていくわけです。化学変化における質量関係（物質組成一定や質量保存）も原子の考えを適宜用います。

筆者が編集委員・執筆者に名を連ねた教科書はそうしましたが、他の教科書はまだ学習指導要領の順序でした。ところが、次の**厳選とゆとり教育の時代**になると、指導要領が筆者の主張した流れで作られました。

「物質を分解する実験を行い、分解して生成した物質から元の物質の成分が推定できることを見いだすこと」「物質は原子や分子からできていることを理解し、原子は記号で表されること」を知ることからの学習に変更されたのでした。

†消えた周期表——周期表はなぜ大切か

中学教科書を開くと、見開きで周期表があるのが当たり前と思う読者は多いと思います。周期表は、社会科でいえば地図のようなもので、物質の世界を探検するときに道標となるものです。ところが、**厳選とゆとり教育の時代**の理科教科書では周期表がなくなってしまいました。周期表の削除は、いわゆる「ゆとり教育」の大幅な内容削減の象徴的な出来事でした。文科省は四分の一改訂時に「発展的学習」を教科書に載せることを認めたため、二〇〇六年教科書から復活しました。

理数教育充実の時代以降は、「発展的学習」ではなく、ふつうに周期表が教科書に載るようになり、本文にも「周期表」（**理数教育充実の時代**）、「元素の周期表」（**理数教育充実の時代**（続））の項が入るようになりました。

周期表は、元素を原子番号（原子核の陽子の数）の順に並べたものです。周期表の同じ縦の列にある元素のグループを族といい、全部で一八族あります。同じ族にある元素のグループを同族元素とよびます。周期表の横の列は周期といい、周期表の上から第一周期、第二周期と数え、全部で七周期あります。

周期表の一族、二族、一三族から一八族にある元素を典型元素、三族から一二族にある元素を遷移元素とよびます（三族から一一族とする場合もある）。典型元素には金属元素と非金属元素があります。遷移元素はすべて金属元素です。

同族元素どうしを比べるとよく似た性質を示します。たとえば一族にある元素は、単体で反応性の高い非常に軽い金属となる金属元素です。

一八族の元素は貴ガス元素といい、単体で化学的に安定な気体となる非金属元素です。

なお、貴ガスは希ガスという字もよく使われますが、英語では別の元素と反応しにくい「高貴な元素」とよばれていますので、貴ガスとすることを日本化学会が提案しています。アルゴンのように希少とはいえないからです。**理数教育充実の時代**〔**続**〕からは日本化学会の提案を受けて高校化学教科書などが希ガスから貴ガスになっています。

†中学の電池はボルタ電池からダニエル電池へ

かつて中学の電池の学習は、銅板と亜鉛板とうすい硫酸からなるボルタの電池が中心でした。ボルタの電池は、一八〇〇年にイタリアの化学者ボルタが発明した最初の化学電池

（化学反応で電流を得る電池。太陽電池は物理電池）です。ですが、ボルタ電池は中学生が学ぶにはだいぶ難しいものでした。

ボルタ電池の負極の亜鉛は、回路を通して電子を正極の銅板に渡しますが、その電子を受けとるのは銅板付近の水素イオンです。水素イオンが電子を受けとって水素原子になり、さらに水素原子が二個結びついて水素分子になり、銅板の表面から水素ガスが発生します。同時に、負極の亜鉛はうすい硫酸とも反応して盛んに水素ガスを発生します。つまり、亜鉛イオンになって電子を回路に送り出す反応と、酸との反応が同時に起こるという反応が複雑な電池です。

そこで、電池のしくみの授業の中心は、金属のイオン化傾向から明確に説明できるダニエル電池へと変わっていきました。このことは、**理数教育充実の時代**開始五年目から使用の教科書からです。**理数教育充実の時代**〔**続**〕からは、どの教科書にもダニエル電池が登場しました。

†イオン化傾向とダニエル電池

金属には反応のしやすさに差があります。たとえば、アルミニウムや亜鉛はうすい塩酸やうすい硫酸に入れると水素を発生しながら溶けてしまいます。ナトリウムは水にすら溶

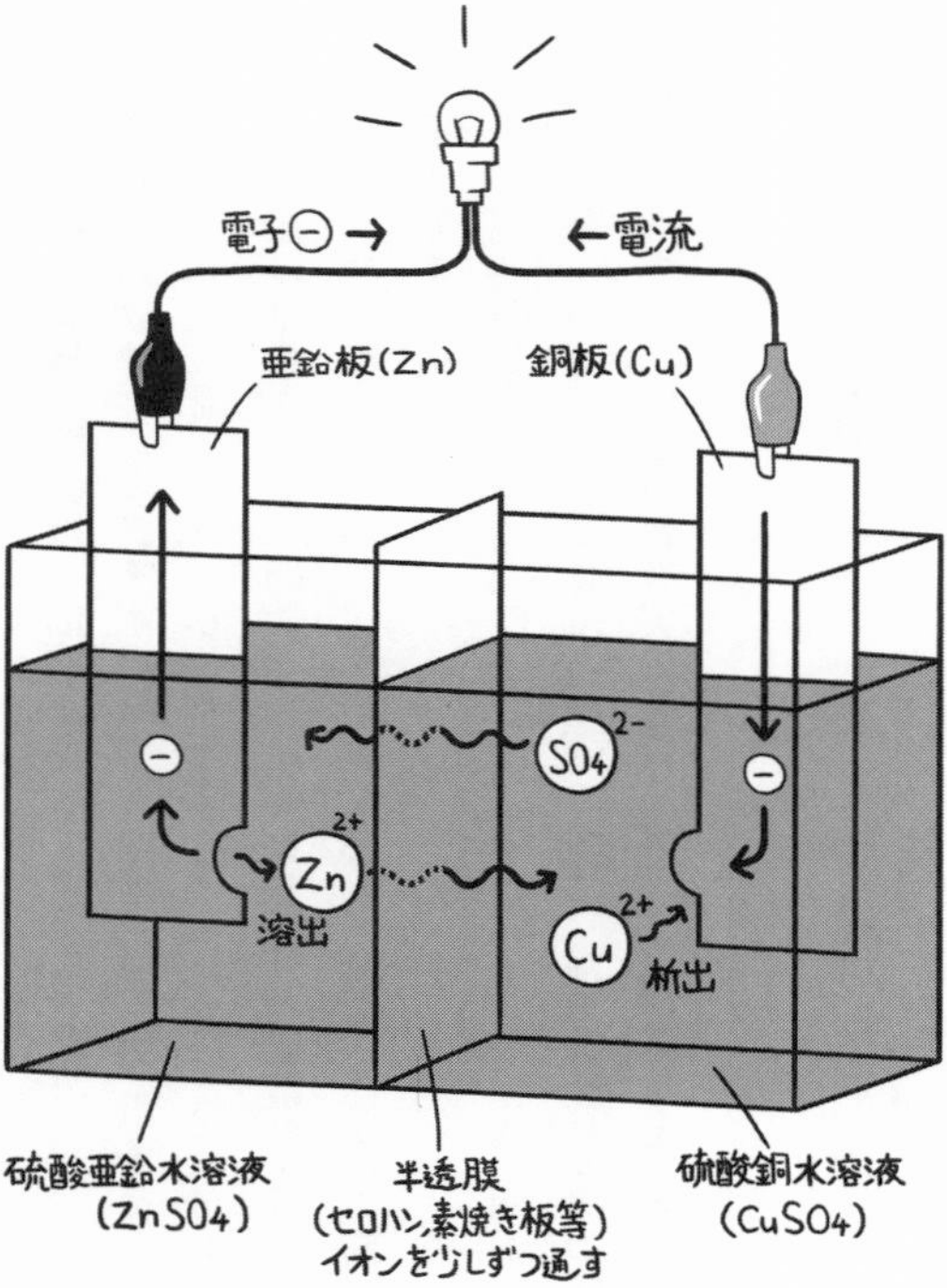

負極	正極
$Zn \rightarrow Zn^{2} + 2e^{-}$	$Cu^{2} + 2e^{-} \rightarrow Cu$

全体の反応

$$Zn + Cu^{2+} \rightarrow Zn^{2+} + Cu$$

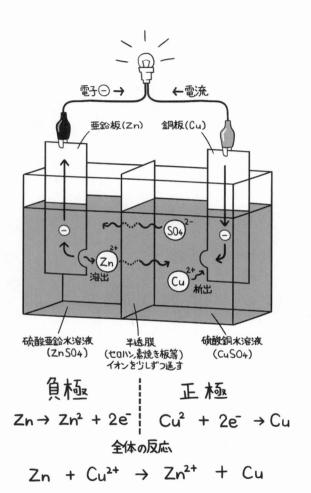

けてしまいます。いっぽう銅、銀、金はうすい塩酸やうすい硫酸に溶けません。

また金属の単体を水や水溶液に接すると他の原子などに電子を与え、自分自身は陽イオンになろうとする傾向（イオン化傾向）に差があります。イオン化傾向の大きいほうから順に並べたものをイオン化列といいます。主な金属のイオン化列は次のようになります。

ナトリウム（Na）＞マグネシウム（Mg）＞アルミニウム（Al）＞亜鉛（Zn）＞鉄（Fe）＞スズ（Sn）＞［水素（H_2）］＞銅（Cu）＞銀（Ag）＞白金（Pt）＞金（Au）

水素は金属ではありませんが、陽イオンになるので、比較のためにイオン化列に入れました。このイオン化列で、より前にある原子ほど陽イオンになりやすい、つまり相手に電子を与えやすいです。

なお、表面の状態によっては、この順序通りにならないことがあります。たとえば、アルミニウムは表面の緻密な酸化皮膜のために亜鉛よりイオンになりにくくなったりします。

前ページの図はダニエル電池のしくみと実験の方法です。つまり、イオン化傾向が異なる二種の金属の組み合わせで、電池をつくることができます。このとき、イオン化傾向が大きい金属が負極、小さい金属が正極となります。

第三章　君はかいちゅうの感染方法を知っているか——体験で学ぶ生物・地学

†小学生が学んだ伝染病

一九五〇年代、**生活単元学習の時代**の教科書は生活中心のテーマで構成されていました。そのため、社会科や家庭科などの他教科と重なる部分も多く、教師は、理科として何をどこまで教えるかに悩みました。

戦後しばらくの間、伝染病や寄生虫は今よりずっと生活の中で重要問題でした。そこで、小学校でも中学校でも取り上げられました。引き続き、六〇年代の**系統学習時代**でも学習しました。

この時代の伝染病と寄生虫の小学校理科教科書の内容を要約して紹介しましょう。

赤痢菌、結核菌といった細菌の顕微鏡写真だけではなく、流行性感冒病原体としてその病原体ウイルスの電子顕微鏡写真まであげています。そして、赤痢の病原体のうつりかたを、写真を見せながら紹介。便器やつりかわから病原体が手につき、手から食べ物に病原体がつく、また病原体のついたハエから食べ物に病原体がつく、そして食べ物と一緒に病原体が体の中に入るという過程を示しています。

さらに、主な伝染病と感染経路を紹介しています。

扱われている伝染病は、痘瘡《とうそう》（天然痘）、猩紅熱《しょうこうねつ》、ジフテリア、流行性脳脊髄膜炎、はしか、百日咳、流行性感冒、肺結核、流行性耳下腺炎（おたふく風邪）、赤痢、腸チフス、パラチフス、コレラ、小児麻痺、トラホーム、とびひ、ペスト、日本脳炎、発疹チフスです。

うつりかたとして、「伝染病の病原体が空気に混じって鼻や口から吸い込まれたり、食べ物や飲み水、手などについて口から入ったりする」「中には、ハエ、ノミ、カ、シラミなどによって運ばれて体内に入るものもある」と感染経路を教えます。

さらに伝染病の防ぎかたとして、日光消毒、煮沸消毒、薬品消毒といった消毒、病原体を運ぶ動物を殺す、予防接種といった個人が実行する防疫方法をあげています。

予防接種について、伝染病の病原体を弱めたり、殺したりして、それを体内に入れることで、病原体が体に入っても、それを抑えるものが体内にできて病気になるのを防ぐことができると説明しています。

†理科で学んだハエ退治

生活単元学習の時代や**系統学習時代**には、人糞を肥料として使うことが多く、その肥料から育った野菜にかいちゅうの卵がついていました。筆者の家は庭で各種野菜を育てており、筆者は子ども時代、便所から肥え桶をかついでは庭の一部で育てていた野菜にかけていました。当然、かいちゅうやぎょうちゅうなどの寄生虫にやられていました。

小学校理科では、かいちゅうの卵、かいちゅう、十二指腸虫、さなだむしが写真で、さらに図解でかいちゅうの感染方法が示されています。

卵が腸内で幼虫になり、血管の中に入った幼虫は、心臓、肺などを通って喉に出て、また成虫になることを説明しています。

かいちゅう、十二指腸虫は、便を肥料に使わなければずっと減ることを述べ、寄生虫のうつりかたから防ぎかたを考えています。

中学校理科でも、「寄生と共生」のなかで、ヒトの寄生虫を扱っていました。小学校よ

かいちゅうの たまごや 子虫は 私たちの からだの中へ はいれば，また私たちの養分をよこどりして，からだを弱くします．そのために，ほかのいろいろの病気を起すもとにもなります．虫下しの薬を飲んで取りのけましょう．

十二指腸虫

十二指腸虫は私たちの腸の中で血を吸ったり，毒を出したりする，取りのけにくい寄生虫です．

子虫は，よごれた手や食物からもはいりますが，ふつうは，はだしで歩く人のひふを通してはいります．そのため，田畑を作る人がよくこの虫におかされます．農村の衛生上よく注意しなければならないものの一つです．

では，私たちは　どうすれば　よいか．

1．健康をよくする心得を守る．
2．大便中の子虫やたまごを殺す．
3．深いくつをはいて，足を守る．
4．もしおかされたら，虫を下す．

十二指腸虫
親虫

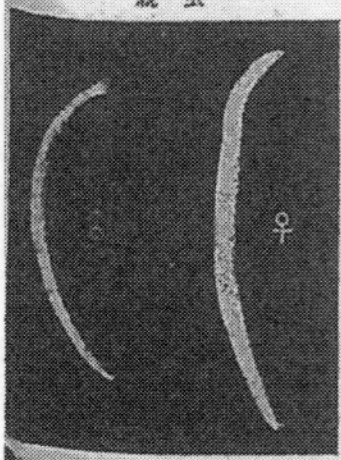

その たまご

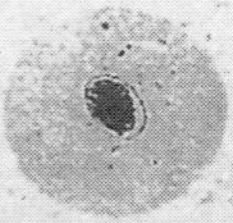

その頭部

59

どちらも文部省作成、東京書籍・日本書籍・大阪書籍翻刻発行『小学生の科学　第６学年用』。1949年。教科書研究センター附属教科書図書館蔵

その他の寄生虫

さなだむし

人につく寄生虫には，このほかに いろいろ あります．牛肉や ぶた肉，ますからくる さなだむし，川魚や川のかに・貝などからくるもの等があります．これらは私たちがたべる肉とともにはいってくるのですから，よくにてたべれば心配はありません．

ひふ病

ひふ病には，たくさんの種類があって，水虫のように，生物の寄生によるものも ありますが，外部からの しげきによるものや からだの中の 具合で起るもの（たとえば，しっしん）もあります．なおりにくい 水虫や かゆい かいせんの ような生物の寄生によるものを防ぐには，いつも からだや きものを清潔にし，病人にふれたり，病人の使ったものなどにさわったりした後は手を洗いましょう．

牛肉からくる さなだむし

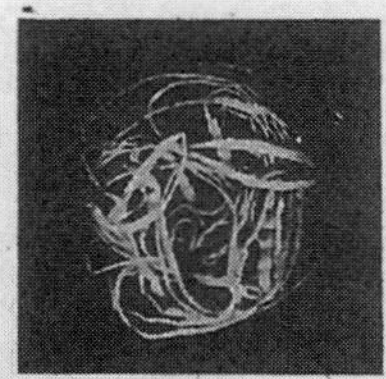

ますからくる さなだむし

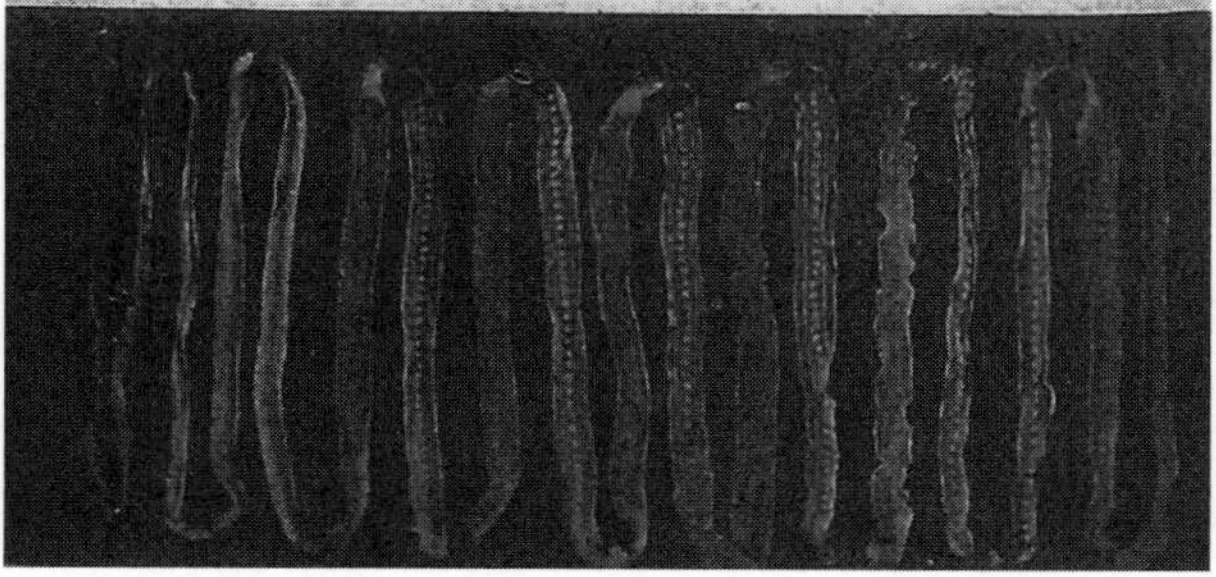

りレベルが高く、線形動物のかいちゅう、コウチュウ（鉤虫、十二指腸虫）の類、扁形動物のジストマ、日本住血吸虫、さなだむしの類がより詳しく扱われています。「多くの寄生虫は寄生生活をするため必要な付着部（かぎや吸盤など）がよく発達」「感覚器や運動器は発達していない」「宿主の栄養を横取りするので、自分の消化器をもつ必要がないし、さなだむしのように消化器をまったくもっていないものさえある」ことを説明したのです。

生活単元学習の時代と**系統学習時代**の小学校では、衛生害虫のカとハエについても学びました。

教科書には卵から成虫までのカとハエの一生のイラストがあり、本文でカとハエの生活を説明して、卵を生む場所をなくしたり、幼虫やさなぎのうちに殺したりするという退治のしかたを教わります。

†パンのカビ、森のキノコ

伝染病と寄生虫は、七〇年代の**現代化の時代**には消えました。**生活単元学習の時代**はもちろん、**現代化の時代**まで小学校でカビについて教えられていました。アオカビ、クロカビなど、カビにはいろいろな種類があり、食べ物や革の靴やかばんなどに生える身近な存

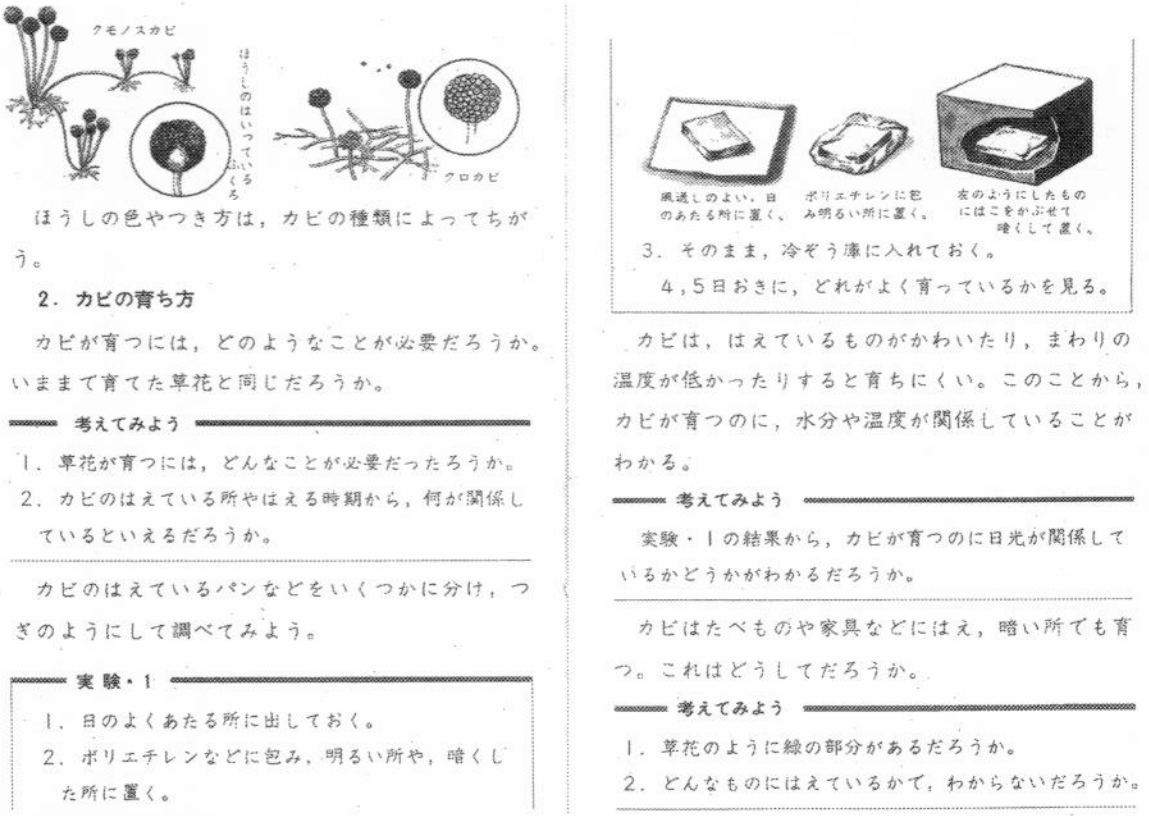
クモノスカビ
ほうしのはいっているふくろ
クロカビ

ほうしの色やつき方は，カビの種類によってちがう。

2．カビの育ち方

カビが育つには，どのようなことが必要だろうか。いままで育てた草花と同じだろうか。

考えてみよう

1．草花が育つには，どんなことが必要だったろうか。
2．カビのはえている所やはえる時期から，何が関係しているといえるだろうか。

カビのはえているパンなどをいくつかに分け，つぎのようにして調べてみよう。

実験・1

1．日のよくあたる所に出しておく。
2．ポリエチレンなどに包み，明るい所や，暗くした所に置く。

風通しのよい，日のあたる所に置く。
ポリエチレンに包み明るい所に置く。
左のようにしたものにはこをかぶせて暗くして置く。

3．そのまま，冷ぞう庫に入れておく。
4，5日おきに，どれがよく育っているかを見る。

カビは，はえているものがかわいたり，まわりの温度が低かったりすると育ちにくい。このことから，カビが育つのに，水分や温度が関係していることがわかる。

考えてみよう

実験・1の結果から，カビが育つのに日光が関係しているかどうかがわかるだろうか。

カビはたべものや家具などにはえ，暗い所でも育つ。これはどうしてだろうか。

考えてみよう

1．草花のように緑の部分があるだろうか。
2．どんなものにはえているかで，わからないだろうか。

複式理科研究会編、東京書籍・学校図書・教育出版・啓林館発行『改訂楽しい理科 第5・6学年用』1970年。教科書研究センター附属教科書図書館蔵

在です。

教科書に食パンに生えたアオカビ、クロカビおよびそれらの単体の顕微鏡写真が掲載され、カビの育ちかたの過程（胞子から菌糸↓菌糸が伸びる↓胞子ができる）の写真が紹介されました。

カビは湿り気や温度がほどよいと育つこと、光合成ができないので他のものから養分をとって育ち、ものの質を変えることを説明しました。その例としてコウジカビがデンプンを砂糖の仲間に変えること、ペニシリンがアオカビの一種から作り出されたものであることなどが挙げられました。

系統学習時代の小学校教科書では、四ページでキノコを扱っていました。「山

や林に行って、キノコの種類や生えている様子を調べよう」という観察課題があります。ホンシメジ、ハツタケ、マツタケ、シイタケ、ナメコ、ツガノサルノコシカケ、ベニテングダケ、タマゴテングダケ、アセタケという種類がイラストや写真で紹介されました。キノコの体のつくりのイラストと、マツタケとシイタケの胞子の写真。胞子からキノコができるまでの過程のイラストやシイやナラの木に菌糸を植えつけているシイタケづくりのイラスト。そして、本文でどんなところに生えているかを説明しました。

その上で、マツタケやシイタケの体が、かさと柄からできていること、キノコは菌糸でできていて、胞子で増えること、キノコは光合成をしないで、他のものから養分をとることを説明しています。

現代化の時代にもキノコは残りましたが、二ページの扱いに減っています。

†いつまで化石を教えたか

生活単元学習の時代の小学六年は、「化石」の項で、「化石のとれるところ」「化石のでき方」を学びました。そのうえで、「地球上に住んでいる生物の種類は非常にたくさんあるが、これらの生物はどのように現れたのであろうか」という問いかけのもと、「生物の移り変わり」を学びました。

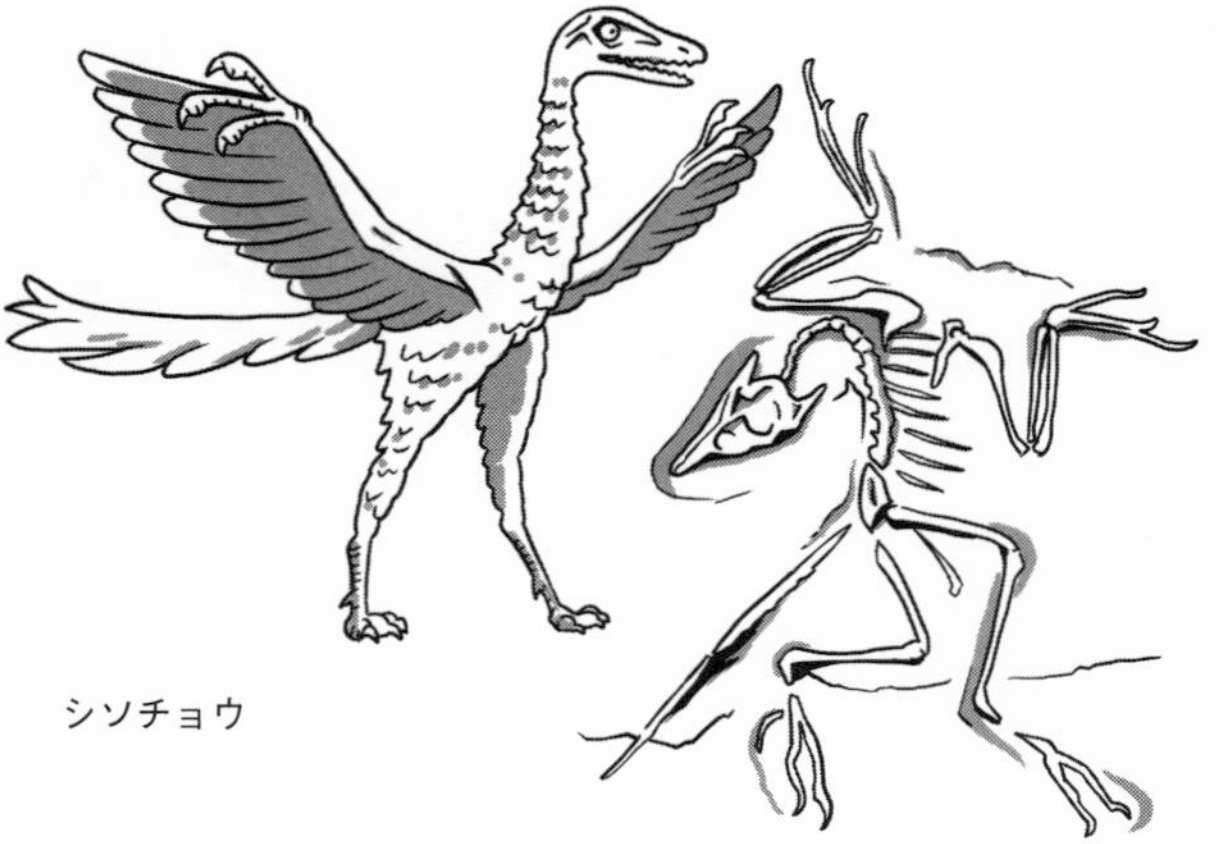
シソチョウ

「大むかしの生物」は、まず、生物がいなかった時代の地球の様子の図を見せながら、次第に簡単な小さな生物が現れてきたことを教えました。以下、図をもとに次のように説明していきます。

長い年月の後、かなり複雑な生物が現れてきた、なかでも三葉虫がもっとも栄えた。

↓ 背骨をもった動物のなかで最初に現れたのは魚類。

↓陸に幹がうろこでおおわれた木、スギナやワラビに似た木が大森林をつくった。

↓ 大きなワニやトカゲの仲間が現れてきた。陸に恐竜、海にアンモナイトの図。

↓ けものが栄え始めた。二度目の大森林ができた。

↓ 陸にゾウ、シカ、クマなどが栄え、海

にクジラ、サメが勢いをふるった。植物では今と変わらないものが栄えてきた。

↓　人類が初めて地球上に現れた。

さらに「大むかしの生物と今の生物」では、化石を調べることで、生物の移り変わりがわかることを、ハイギョ、シソチョウの化石、シソチョウの想像図、大むかしの人類の図をもとに説明しています。

系統学習時代には、小学五年「地層やたい積岩」で「化石」を学ぶだけになりました。それでも「化石からわかること」で、三葉虫、アンモナイト、マンモスの化石の写真と想像図をあげてあるので、それを手がかりに「生物の移り変わり」を教えた教師もいたことでしょう。しかし、その後は「化石」も消えてしまいました。

†解剖授業の今昔

八〇年代の**学習内容精選開始時代**まで、学校現場で解剖はよく行われていました。動物や人の体の仕組みを理解する単元で必ず扱われていました。授業では、フナ（小学校）、カエル（中学校）がよく取り上げられました。

筆者は、まわりに田畑がたくさんある地方の中学校だったので、理科の先生に「次の授業には一人一匹カエルをとって持ってきなさい」と指示されました。田んぼにトノサマガエルがたくさんいたのです。小学生のときなど、よくトノサマガエルを捕まえて、その足をエサにしてアメリカザリガニを釣っていましたから、自分がとってきたカエルで解剖をしました。

当時の中学教科書には、「麻酔したカエルを板の上に固定し、腹の皮をピンセットでつまんで、はさみで切り目を入れ、縦に口の下まで開く。さらに皮を左右に広げてピンでとめ、腹の筋肉を、中央を避けて、縦に切り開く」という解剖の手順が説明されていました。「心臓の形、打ち方、心臓から出ている血管」「食道、胃、腸、直腸、すい臓のつながり」「胃を切り開き、何を食べているか」「肺のつくり、肺とのどのつながり」「腎臓と膀胱の位置とつながり」「背骨から足のほうに出ている神経をピンセットでつまんで、足が縮む様子」「雌では卵巣と輸卵管、雄では精巣」「足の皮ふをはいで筋肉が骨についている様子」などの観察をします。

筆者が教員になってからは、中学の授業でマウスの解剖を行いました。中学理科でマウスの解剖までやった学校はごく少数だったでしょう。しかし現在は、カエルの解剖なども縮小したか、扱わない傾向にあります。

二〇〇〇年代の**厳選とゆとり教育の時代**に、カエルの解剖について、教科書への掲載が減りました。解剖はインパクトが強く学びが多い実験・観察ですが、準備や後片付けが大変なので、教科書の扱いが小さくなれば、急激に実施率は減っていきます。動物愛護の立場からの反対、生きた解剖生物の入手の面倒さも理由でしょう。子どもたちは教科書にある解剖図を眺め、視聴覚教材で画像を見ることで、動物の体のつくりを知ったつもりになってしまっています。

一〇年代の**理数教育充実の時代**の中学教科書には、**厳選とゆとり教育の時代**に教科書から消えた「無脊椎動物」が復活しました。教科書の「軟体動物」の項には、イカの解剖が掲載されています。ですから、イカの解剖は、現在ではよく行われるようになっています。

なお、**理数教育充実の時代**に復活した無脊椎動物の種類は、節足動物、軟体動物、その他となっています。かつて**生活単元学習の時代**の終わり頃に二年間使われた中学教科書では、「外側に骨格があり、体節から成り立ち、節のある足をもつ」を共通性としていました。節足動物（昆虫類、クモ類、多足類［ムカデの仲間］、甲殻類［エビ、カニの仲間］など）を考えたからですが、その分類表では現在より無脊椎動物をより細かく並べていました。、棘皮動物、軟体動物、節足動物、環形動物、線形動物、扁形動物、腔腸動物、海綿動物、原生動物が、具体的な動物名も入れて紹介されたのでした。

†クラスで育てた有精卵とショウジョウバエ

一九七〇年代の小学校六年教科書に「トリの卵」という単元が導入されました。トリの有精卵を温めると、血管・心臓・目などが形成されることを理解するためです。多くの学校で、有精卵を特別に入手し、業者からふ卵器を購入して、個体発生途中の卵を割って、中身を観察する実験が行われました。

この**現代化の時代**は探究理科の時代でもあります。ふ卵器で卵を温めながら重さの変化を調べたり、三日後、八日後に一個ずつ取り出して、幻灯機の光を当てて透かして見たり、割って中の様子を調べました。有精卵を温めはじめて八日後には目や血管網、小さなかたまり（心臓）が見られます。約二一日後にはひなになって外に出ます。

実際に卵を割って形成されたばかりの臓器を見ることに強い抵抗感をもつ子どもはいたことでしょう。もしかすると、その後、卵が食べられなくなった人もいたかもしれません。ふ卵器で、毎日、水の管理や温度の管理をするのも大変。ふ化したヒヨコをどうするかもおおごとだったでしょう。この教材は**現代化の時代**で終わりました。

生活単元学習の時代や**系統学習時代**は退治の仕方を学んだハエですが、**現代化の時代**の小学校四年理科では、どの教科書もショウジョウバエの観察を重視しました。それは、温度によって昆虫の成長や活動の様子が変わることを理解させるためでした。

台所で見るコバエのほとんどがショウジョウバエです。腐ってアルコール発酵しはじめた果物などに産卵して大量発生することが多いショウジョウバエは体長二〜三ミリメートル、よく見ると赤い眼をしています。観察のために、日本中の小学校がショウジョウバエを集めて、卵を産ませて、育つ様子を調べていたから大変です。

温度という条件を絶対視して成長や活動の様子を調べるには、ショウジョウバエはよい教材でしたが、身近にたくさんの昆虫がいるのに、どの学校もショウジョウバエばかり。子どもたちは容器の温度を上げ下げし、ショウジョウバエを育てました。夏のショウジョウバエと秋のショウジョウバエを育てて比較するようなことも行っていました。

†小学一、二年生が学んだ大量の植物の種類

系統学習時代、一九六一年（昭和三六年）〜一九七〇年（昭和四五年）の小学校一、二年の理科教科書に出てくる植物は、身近な雑草もあれば、庭に植える園芸種も、野菜や果物もありました。この時代の授業が続いていたら植物に詳しい豊かな人生を送る人が増えたに違いありません。
あきのきりんそう、あさがお、あぶらな、いたどり、いちょう、いぬたで、いぬほおず

き、おおばこ、おにゆり、おみなえし、かき、かし（かしのみ［どんぐり状の実］として）、がまずみ、からすうり、きく、きゃべつ、きゅうり、きんせんか、きんみずひき、くぬぎ、グラジオラス、くり、クロッカス、けやき、こまつなぎ、さくら、さるとりいばら、さんしきすみれ、しい（しいのみ［ドングリ状の実］として）、じゃがいも、じゅずだま、しろつめくさ、すいせん、すぎ、すみれ、ダリア、たんぽぽ、チューリップ、つた、つばき、つゆくさ、どうだんつつじ、なでしこ、なんてんはぎ、にがな、にしきぎ、にんじん、ぬるで、ねこやなぎ、のかんぞう、はこべ、ははこぐさ、ヒヤシンス、ひさかき、ひまわり、ひゃくにちそう、ひよどりばな、ひるがお、ほうせんか、ほたるぶくろ、ほとけのざ、ポプラ、まつ、まつばぼたん、まつも、みかん、みぞそば、もくれん、もも、やえむぐら、やはずそう、やまのいも、やまはぎ、りんご、れんげそう

グラジオラス

　小学三年になると、アブラナとヘチマの育ち方、スイセンやヒヤシンスなどの水栽培を学習しました。四年は、いも（ジャガイモやサツマイモ）の育ち方、六年は、イ

ネの成長・イネの花と実、さらに森や林の植物を学習しました。

†六〇年代までの小学低学年は大量の動植物を学んだ

以下は、**系統学習時代**の小学校一、二年の理科教科書に出てくる動物です。とくに昆虫はたくさん出ています。

ダリア

あきあかね、あげは、あぶらぜみ、あぶらむし、あめんぼ、あり、いととんぼ、うすばきとんぼ、うりはむし、おんぶばった、かなぶん、かぶとむし、かまきり、かみきりむし、きあげは（幼虫）、くわがたむし、げんごろう、こおろぎ、しおからとんぼ、しゃくとりむし、しょうりょうばった、たがめ、とのさまばった、ななほしてんとう、にいにいぜみ、にかめいが、にじゅうやほしてんとう、べにしじみ、まるはなばち、みずかまきり、みずすまし、みつばち、もんきちょう、もんしろちょう、やご、あひる、アメリカざりがに、うぐいす、うさぎ、えび、かたつむり、からすがい、かわにな、きんぎょ、けら、せきせいいんこ、たにし、どじょう、にわとり、ひばり、ふな、めだか小学三年では、虫やカエルのそだちかたで、モンシロチョウとカエルのたまごを採集して育てて観察します。他にアゲハの一生、カイコガの一生が各一ページずつカラー写真で紹介されました。

小学四年では、チョウやガ（モンシロチョウ、アゲハ、カイコガ）の仲間とウリハムシやコガネムシなどのからだのつくりを調べて、虫の仲間分けを学習しました。さらにハナアブ、アリ、クモなどについてもからだのつくりを調べます。

小学五年は、メダカを育ててたまごをうませることから育ちかたを学習します。さらにフナのからだや動きかたを観察し、解剖を行います。

では、**理数教育充実の時代**に、動物をどのくらい学習したでしょうか。生活科で教えられたのは、トンボ、コオロギ、カマキリ、ショウリョウバッタ、オンブバッタ、ウサギ、ハムスター、モルモットでした。植物でもそうなのですが、生活科と小学三〜六年理科を合わせても、六〇年代までの小学一〜二年に出てくる動物の種類数や内容を超えることがなく、**系統学習時代**の低学年よりずっと劣っています。

個性化・多様化さらなる精選の時代にあたる一九九二年は、性教育元年と呼ばれます。小学五年に、「人と他の動物を比較したり資料を活用したりして、人の発生や成長などを調べることができるようにする」として、「人は、男女によって体のつくりなどに特徴があること(男女の外部形態の違いのほか、母体内での受精に触れる)」「人は、母体内で成長して生まれること」が教科書に載ったのです。それまで男子の思春期の成長は「男子＝声変わり」だったところが、「精通」となったため、教師は射精をどのように、どこまで教えるかを悩むことになりました。

しかし、次の**厳選とゆとり教育の時代**になると、「男女の身体の特徴」などはなくなってしまいました。「動物の誕生」は、「卵の中の成長、母体内の成長のいずれかを選択」になり、そこでは、「受精に至る過程は取り扱わないこと」となりました。

しかし、**理数教育充実の時代**には、「卵の中の成長」と「母体内の成長」は、両方扱うことになりました。

†遺伝の法則は中学に前倒し

遺伝の学習は、**生活単元学習の時代**には中学理科で教授されましたが、その後は主に高校生物の範囲でした。

現代化の時代に、「生物の種類と生活」の中の「生物と細胞」で、「生物には遺伝する形質があり、その形質を現すもとになる遺伝子は、細胞の核に含まれている」として遺伝子という用語は登場したのですが、細胞との関係でしか見ていないので、教科書の内容は浅薄なものでした。

しかし、**個性化・多様化さらなる精選の時代**になると、「遺伝の法則性」「進化」が入ります。その前の**学習内容精選開始時代**の高校教育課程には、高校生全員必修の理科Ⅰで「遺伝の法則性」「進化」を学習していたのに、理科Ⅰがなくなったので、**個性化・多様化さらなる精選の時代**に中学に降りてきたわけです。とはいえ、**厳選とゆとり教育の時代**の中学教科書を見ると、「遺伝の法則性」「進化」は削除。簡単に減数分裂、遺伝、有性生殖における遺伝が紹介され、「発展」でメンデルの法則を簡易的に説明するだけでした。

中学理科で、本格的に遺伝が扱われるようになるのは、**理数教育充実の時代**です。この時期の高校で学習する遺伝学関連分野は、九〇％以上の生徒が履修する「生物基礎」において、それまでのメンデルの法則から分子生物学へと内容が大きく変更になりました。生物基礎では、DNA、染色体の基礎、遺伝子の発現、ゲノムについて学習します。

中学三年の「遺伝の規則性と遺伝子」で、「交配実験の結果などに基づいて，親の形質が子に伝わるときの規則性を見いだすこと」として分離の法則を扱います。遺伝子に変化が起きて形質が変化する場合があることや、遺伝子の本体がDNAであることにも触れるようになりました。

中学では、メンデルのエンドウを使った実験をもとに、分離の法則を学びます。さらに、「優性形質と劣性形質」（**理数教育充実の時代**に「顕性形質と潜性形質」と用語変更）から、子と孫の遺伝の組み合わせ（遺伝子の組み合わせがAaのエンドウを自家受粉させてできる種子の遺伝子の組み合わせ）がどのようになるか考えさせる学習になりました。「遺伝子の本体がDNAである」ことに触れることになったので、教科書にも、DNAの簡単な説明が入るようになりました。

二〇〇〇年代の**厳選とゆとり教育の時代**には、DNAは「発展」で入れるしかありませんでした。本文に入れたとしても、「遺伝子は染色体の中に存在し、その本体はDNA（デオキシリボ核酸）という物質である」という程度の、そっけない表現だけでした。これでは生徒がDNAにイメージをいだきにくいと考えたためか、教科書では、「発展」としてDNAについて、構造や複製についてやや詳しく説明しています。

†メンデル遺伝とDNA学習で教えるべきこと

筆者はメンデル遺伝とDNAを学習する教科書で、根本的なことがあまり説明されていないと感じています。それは染色体と遺伝子とDNAの関係です。

メンデルは修道院の中庭に畑を作り、無数のエンドウを植え、遺伝の法則を実験によって明らかにしました（一八六六年論文発表）。しかし、彼の研究は誰にも理解されず、ほとんど人目を引くことはありませんでした。やっと認められたのは、死後一六年目、一九〇〇年のことです。

メンデルの遺伝の法則が認められるまで、子どもの特徴は、両親の特徴が「混ぜ合わされて」伝わると信じられていました。ところが、メンデルの功績により両親の特徴は「組み合わされる」だけということがわかりました。そこで遺伝のもとは粒のようなものだとイメージされました。それが遺伝子です。

メンデル以降、顕微鏡が発達して、細胞の核の中にある染色体の研究が進みました。染色体は、ふだんはドロッとした状態で顕微鏡では見えませんが、細胞分裂を始めると、みるみる固まってたくさんの紐のように見えてきます。

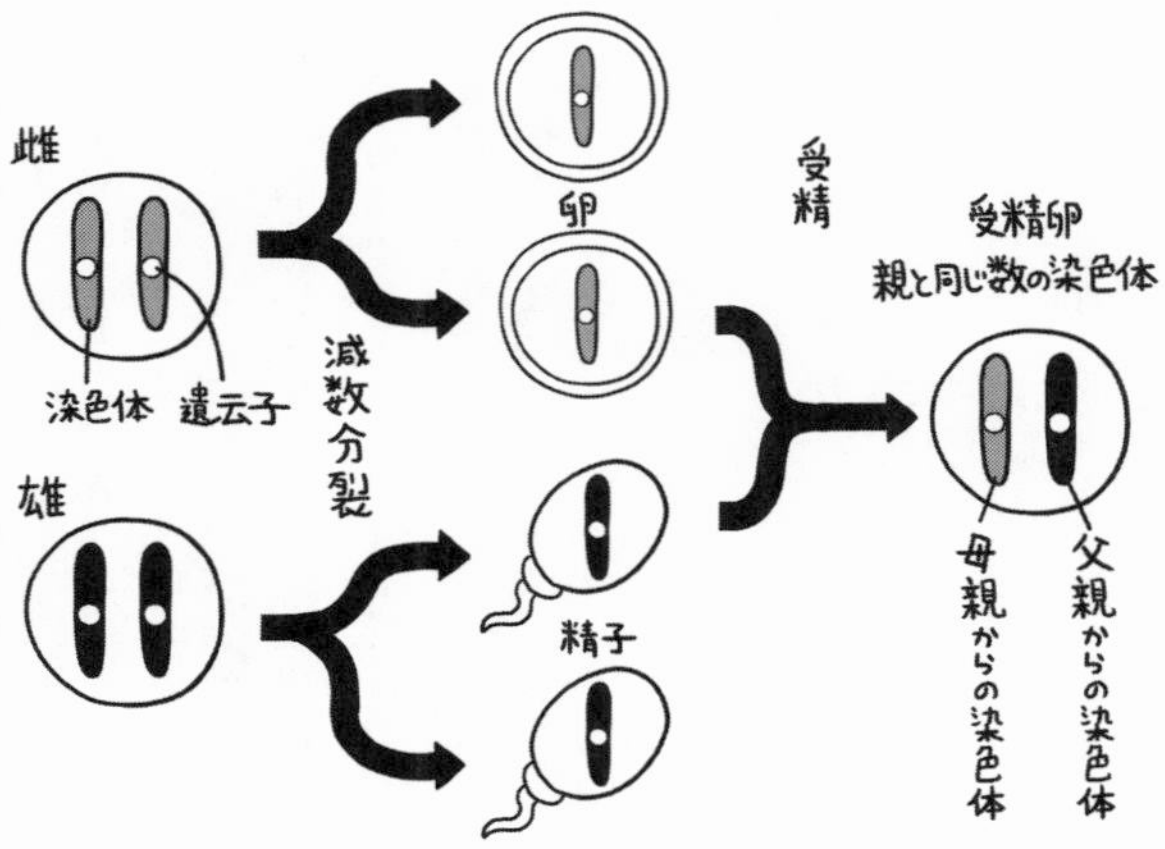

染色体はヒストンと呼ばれるタンパク質にDNAが巻き付いた棒状の塊です。染色体は通常は核の内部でほどけて広がっているのでドロッとしていて、顕微鏡で見ても形がはっきり分かりません。ところが、細胞分裂のときがくると、染色体が何重にも折りたたまれて凝縮され，太い染色体になり、棒状のはっきりとした姿を現します。詳しく観察すると、細胞の中には形と大きさが等しい染色体が二本あります。この双子のような染色体同士を相同染色体と言います。

生物の体には、形質ごとにそれを生み出す相同染色体が二つあり、減数分裂して精子や卵子になるとき、相同染色体が別々の精子や卵子（合わせて配偶子）に分配されます。二つずつあるものが、精子や卵子に別れ別れに

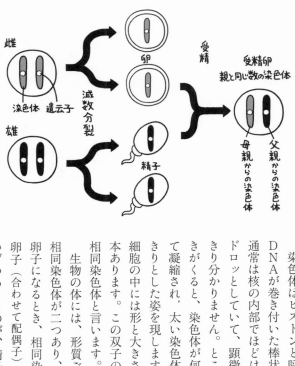

なるということは、メンデル遺伝の考えと合わせると、遺伝子が染色体に含まれることになります。

相同染色体が二組の場合、それぞれから一本ずつ選び出すと、配偶子は二×二＝四種類、相同染色体が三組なら、二×二×二＝八種類になります。ヒトには二三組ありますから、二の二三乗で約八四〇万種類の配偶子が作られることになります。受精はそれらの中から一つずつが出会う現象で、一組の夫婦では、八四〇万×八四〇万＝約七〇兆通りもの染色体の組み合わせができます。実際には、染色体の「組換え」という現象もありますから、一組の夫婦から生まれる子の遺伝的な多様性は、本当に無数と言っていいでしょう。

遺伝子の情報が記録されているのは、DNAの中の塩基部分です。塩基は、アデニン（A）、チミン（T）、グアニン（G）、シトシン（C）。この四種類の塩基が、ずらーっとつながった配列がタンパク質をつくる設計図になります。塩基の配列によって、目や皮膚、酵素など、ヒトをつくる約一〇万種類のタンパク質をつくるのに必要な指令が書かれています。「遺伝子の本体はDNA」というのはそのためです。

†生物の分類の細分化

藻類は植物でしょうか。この問題は、二〇一〇年代を境に以前か以後か、義務教育理科を受けた時期によって見解がわかれるのではないでしょうか。

系統学習時代の中学教科書では、植物のなかの「胞子でふえる植物」に「シダ類・コケ類・海ソウ」と「キノコ類・カビ類」が含まれていました。これは、小中学校の生物の分類が、主に二界説にもとづいていたためです。二界説とは、生物を大きく動物と植物の二つに分ける考え方です。海ソウは藻類、キノコ・カビは菌類です。教科書で細菌類の分類上の位置づけははっきり明示していませんでしたが、二界説の分類ならば植物に入ります。

五界説

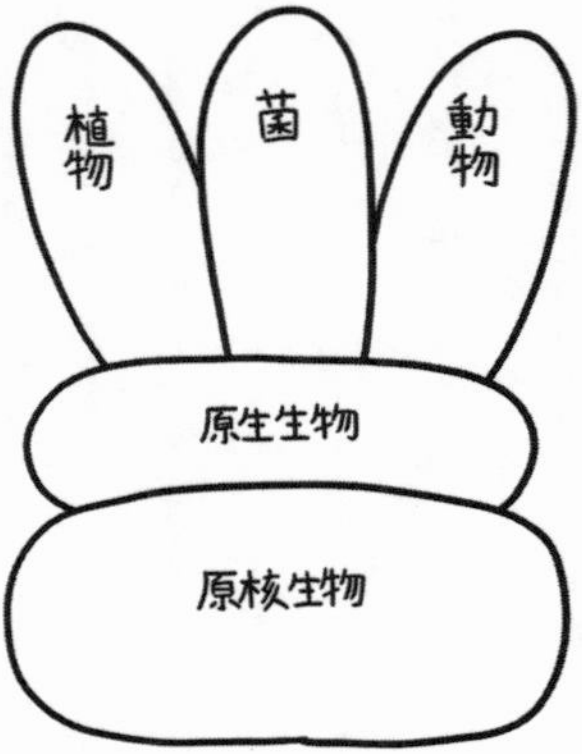

二界説による分類は、**厳選とゆとり教育の時代**の教科書まで続きますが、このときはシダ植物、コケ植物は学習しませんでしたし、ましてや藻類も教えられませんでした。

二界説による分類が変わったのは、脱ゆとり教育に切り替わった**理数教育充実の時代**の教科書からです。

種子植物（被子植物と裸子植物）に加えて、新たにシダ植物、コケ植物の学習が復活したのです。「身近な生物」として、顕微鏡で「水中の小さな生物」を扱うときに、藻類についても、最小限ですが扱うことになりました。ハネケイソウ・アオミドロ・ミカヅキモなどです。また、大型藻類のコンブやワカメをコラムで紹介したりします。

そこで、「藻類は、植物とは異なるグループ」と説明することになりました。

こうなった背景は、五界説による分類が有力になったためです（中学理科で五界説は学習しませんが）。五界説は、生物界を「植物」「動物」「菌」「原生生物」「原核生物」の五つに分ける考え方です。五界説によると藻類は原生生物界に所属することになりました。

植物：光合成をする陸上植物……種子植物、シダ植物、コケ植物

動物：多細胞動物（二界説の動物から原生動物を除いたもの）……セキツイ動物、軟体動物、節足動物、環形動物

菌：カビやキノコの仲間……菌類

原生生物：植物、動物、菌、原核生物にも属さない生物（細胞内では核と細胞質の区別がある）……藍藻を除く藻類、原生動物（単細胞の動物）

原核生物：簡単なつくりの単細胞生物（細胞内では核と細胞質の区別がない）……細菌類、ラン藻（シアノバクテリア）

五界説では、植物を「光合成をする陸上植物」に限定しているので、「藻類は植物ではない」となるのです。

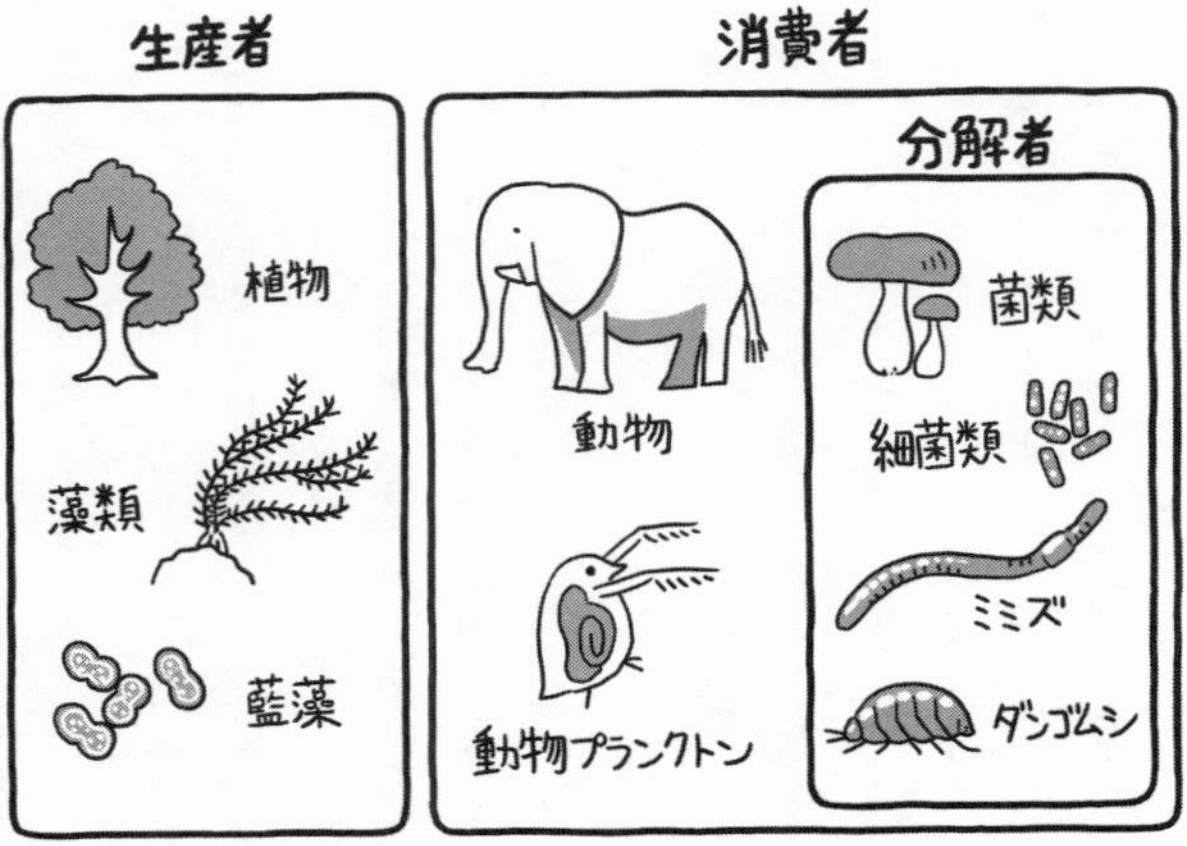

生態系の「分解者」の定義

厳選とゆとり教育の時代の二〇〇〇年代まで、中学三年で学ぶ生態系では、生物を生産者・消費者・分解者の三つに区分することを学習していました。

「生産者」は光合成で光のエネルギーを使って、無機物から有機物をつくる生物をいいます。植物や藻類、藍藻です。「消費者」は無機物から有機物をつくることができず，生産者がつくった有機物を消費する生物です。「分解者」は生物の死骸や排出物に含まれる有機物を無機物などに分解している生物（菌類や細菌類）としてきました。

しかしこの定義だと、ミミズ、ダンゴムシなどの土壌動物が「分解者」に含まれません。

そこで**理数教育充実の時代**の教科書から、有機物を無機物に分解する過程に関わるミミズなどの生物も分解者に含めるようになりました。

これ以前の教科書では、ミミズやダンゴムシは消費者としての位置づけでしたが、ミミズやダンゴムシが分解している有機物は、元々は生産者がつくったものですから、それを栄養分として生きているということは、消費者と同じ役割も担っていることになります。

ですから、分解者は、消費者のうち、生物の死骸や排出物に含まれる有機物を無機物に分解する過程に関与している生物と考えることができます。そこで、ほかの消費者とは区別したのです。

†かつては地動説の立場で説明していた

筆者はイギリスやデンマークの小学校を視察したことがあります。日本のような理科室がない場合も多く、観察・実験をメインとした理科教育は貧弱だと思いましたが、どこの小学校にも太陽系の大きなポスターがあったのが印象的でした。

系統学習時代の小学六年「太陽と月と地球」では、太陽と月の表面の様子、大きさ、光り方を学習してから「地球の自転」を学習しました。

星の動きを観測して「太陽も月も星も、東からのぼって西にしずみ、一日のあいだに一回地球のまわりをまわる」ことを、「地球が一日一回西から東にまわっているので、太陽や月や星が地球のまわりを東から西へまわっているように見える」「地球は、北極と南極とをむすぶ線をじくとして、一日一回西から東へまわっている。このことを地球の自転という。地球のじくは、北極星をむいている」と説明しています。

まさに地動説の立場での説明です。

系統学習時代の小学六年「季節と太陽」では、日の出、日の入りの時刻と方角、昼と夜の長さ、南中のときの高さを、観測にもとづいてまとめさせます。その上で、季節によって気温が変わることを昼夜の長さ、太陽の高さで追究します。さらに「季節のおこるわけ」を、地球の公転、地軸の傾きから説明し、最後に季節によって、見える星座が変わることを学習します。

現代化の時代は、地球の自転を小学六年「地球の自転と、星、月、太陽」の単元で学ぶことになり、地球の公転はなくなりました。

学習内容精選開始時代になると、地球の形や大きさはもちろん、地球の自転も削除されました。地動説抜きの太陽の動きの観測で、地温、気温の変化、季節の変化を学習するだけになったのです。

†山ができるしくみ

現在の中学校理科の教科書は、プレート・テクトニクスによる説明が全盛ですが、かつては地向斜造山論という理論を土台に「山はどのようにしてできるか」が説明されていました。地向斜とは、堆積がどんどん行われて、海底が沈んでいったような場所のことです。

たとえば、**系統学習時代**の教科書には次のような説明がありました。

「ヒマラヤ、アルプスなど、世界の大きなしゅう曲山脈の地層を調べた結果、そこの地層の厚さは一万メートル以上にも達するところがあった」「これらの地層からは海の化石が発見されており、これらの地層が堆積したときには、浅い海だった」「この二つの事実から考えて、これらの地域では、地層の堆積に伴って海底も次第に沈降し、当時の海の深さはあまり変化しないままに数千万年の長い間にこのように厚い地層ができたものと考えられる。堆積した地層がだんだん厚くなっていくと、地層はしゅう曲しながら次第に高い山脈になっていく」

幅数百キロメートル、長さ数千キロメートルにも及ぶ細長い帯状の地域が長いあいだ沈降を続け、その海底に厚い地層が作られます。その厚い堆積層はその重さのために大変な圧力を受けて、温度が高くなります。ついには地層を押し上げる造山運動となって褶曲山脈をつくって隆起しながら同時に侵食もされて低平化、ついに安定化して大陸に転化していくという考えでした。

けれど、一九七〇年代後半になると、新しい地球観として、プレート・テクトニクスが主流になったので、**学習内容精選開始時代**には、中学理科教科書にもマントル対流説が登場します。とはいえ、大陸移動説と大陸を移動させる原動力、日本列島に火山や地震が多い理由として、マントル対流説を取り上げる教科書がありましたが、それでも日本列島のでき方は地向斜造山論で説明されていました。

厳選とゆとり教育の時代になると、「地球内部の働き」については、プレートの動きに触れることになり、プレート・テクトニクスが全面的に導入されました。**理数教育充実の時代**に入ると、「地震が起こるしくみ」で、「プレートと断層」「プレートの境界で起こる地震」「プレート内部で起こる地震」が説明され、「大地の変動」でもプレートの動きで褶曲や断層が形成されることを学習します。

ところで、**生活単元学習の時代**の終わり頃の二年間に使われた教科書には、温泉が大きく扱われていました。温泉好きな日本人の生活を重視したためでしょうか。

温泉は、一九四八年に制定された「温泉法」により定義されています。地中から湧出する温水、鉱水及び水蒸気その他のガス（炭化水素を主成分とする天然ガスを除く）で、温度が二五℃以上、または特定の物質一九種類のうち一つを有するものです。つまり、湧出温度が二五℃以上あるか、それ以下であっても一九種類の物質のうち一つでも含まれていれば温泉ということになります。源泉が温かくなくても温泉です。また、二五℃以上あれば、特定成分を全然含んでいなくても温泉になります。

教科書では、炭酸泉、食塩泉、イオウ泉、放射能泉の分類で、じっさいの名泉が紹介されました。

「炭酸泉：有馬（兵庫県）、遠刈田（宮城県）」「食塩泉：熱海（静岡）、和倉（石川）」「イオウ泉：草津（群馬）、花巻（岩手）」「放射能泉：増富（山梨）、三朝（鳥取）」

第四章　教科書の単位・定義・用語はいつ、なぜ変わったか

†メートル法でさえ定着は大変だった

科学における単位とは、長さ、質量などの数量を計算するときの基準となるものです。もともと長さをはかるものさしは人の体のいろいろな部分の長さが基準でした。たとえば、「尺」というのは手のひらを広げた時の親指から中指までの長さ、「フィート」は足の大きさが基準でした。

人によっても、国によっても基準はまちまちでした。日本の単位系は、中国での単位系の影響を受けた独自の尺貫法が使われていました。

世界中が交流するようになり、商取引が行われるようになると、世界共通のものさしが必要となります。一八世紀末のフランスにおいて、いつでもどこでも誰でも同じように世界で共通に使える統一された単位制度の確立を目指してメートル法が制定されました。

たとえば、一メートルは地球の大きさをもとに単位にすることにしました。そこで、北極点から赤道までの長さの一〇〇〇万分の一を一メートルとしたのです。実際に測量隊を派遣し、六年間かかって地球の大きさを測ることができました。そして、一七九九年に純白金製の板状原器を作りました。

一九世紀になると、フランス以外でも次第にメートル法を採用する国が増えていきました。一八七五年にメートル条約が締結されると、メートルは世界共通の長さの単位になります。一八八九年に白金九〇%とイリジウム一〇%の合金製の国際メートル原器が三一本作られ、各国に配布されました。日本は、メートル条約に一八八六年に加盟しました。国際メートル原器は一八八九年に№22が交付されました。

しかし尺貫法に慣れていた日本では、一般生活に普及するのは、尺貫法が法律上廃止（一九五九年）され、取引および証明に尺貫法を使うと罰則（一九六六年）を伴うようになってからでした。

尺貫法の尺とメートルは、一尺=約〇・三メートル、一間=約一・八メートル、一町=

約一〇九メートル、一里＝約三九二七メートルといった関係にあります。

なお、長さ一メートルは、その後クリプトン86という原子が特定の条件で放出する光の波長の一六五万七六三・七三倍に等しい長さになり、現在は「一秒の二億九九七九万二四五八分の一経過する間に光が真空中を通過する距離」と定義されています。

質量は、水の密度が最大になるときの純水（一気圧4℃）の一立方デシメートル（一〇〇〇分の一立方メートル）、すなわち一リットルの質量が一キログラムに決められました。そして、一八七九年に白金九〇％とイリジウム一〇％の合金製の国際キログラム原器が作られます。

その後約一三〇年間、国際キログラム原器の質量がもとにされてきましたが、二〇一九年五月から物理学の「プランク定数」をもとに定義されることになりました。プランク定数は量子力学（原子や電子などのミクロな世界の力学）における基本定数で、hで表します。光の持つエネルギーと光の振動数の間の比例関係を表す比例定数で、

光子（つまり光のこと）のもつエネルギー＝プランク定数×振動数

という式になります。

原器の使用の有無が私たちの社会生活へ何か影響することはまずありませんが、クリプトン86やプランク定数によって、より精度の高い計測が可能になりました。

国際単位系の基本単位の定義

名称	記号	物理量	定義
メートル	m	長さ	1m は、1s の299792458分の 1 の時間に光が真空中を伝わる行程の長さ。
キログラム	kg	質量	1kg は、波長が1m の光子 1 個を吸収すると、静止状態から速度が$6.62607015 \times 10^{-34}$m/s増加する質量。
秒	s	時間	1s は、セシウム133の原子の基底状態の2つの超微細構造準位の間の遷移による放射の周期の9192631770倍の継続時間。
アンペア	A	電流	1A は、導線を1s に$1.602176634 \times 10^{-19}$分の1個の電子が通過する電流。
ケルビン	K	熱力学温度	1K は、分子 1 個からなる理想気体の体積と圧力の積が1.380649×10^{-23}J となる熱力学的温度。
モル	mol	物質量	1mol は、$6.02214076 \times 10^{23}$個の物質量。
カンデラ	cd	光度	1cd は、周波数540×10^{12}Hz の単色放射を放出し、所定の方向におけるその放射強度が683分の1W/sr である光源の、その方向における光度。

†現在の教科書検定基準は国際単位系

現在、国際単位系（ＳＩ）は、先に述べたメートル（長さ）・キログラム（質量）以外に、秒（時間）、アンペア（電流）、ケルビン（温度）、カンデラ（光度）、モル（物質量）を合わせて七つを基本単位としています。

日本では一九九二年に計量法が改正され、国際単位系に統一するため翌年から施行されました。教科書検定基準も基本的に計量法にもとづいています。

すべての物理量は、基本単位と、それらを組み合わせて作られる組立単位で表されます。たとえば、面積の単位は、長さの単位メートルを二乗した平方メートル、速さの単位は、長さの単位メートルを時間の単位秒で除したメートル毎秒で表されます。

よく使われる単位には、固有の名称が与えられているものもあります。たとえば、力の単位は物体の質量と加速度の積で定義されるので「キログラム・メートル毎秒毎秒」となりますが、単位「ニュートン」が使われます。圧力の単位は力の大きさの単位「ニュートン」を力が働く面積の単位平方メートルで除した「ニュートン毎平方メートル」となりますが、単位「パスカル」が使われます。

†高校物理教科書の力の単位の移り変わり

物理学の量に関わる単位系には、CGS単位系、MKS単位系、MKSA単位系、重力単位系があります。

CGS単位系とは、長さ・質量・時間の基本単位として、センチメートル（cm）、グラム（g）、秒（s）をとった単位系で、力の単位はダイン（dyn）です。一八八一年に国際的に決められ、物理学の分野で長く使われてきました。

しかし、センチメートル・グラム・秒をとるCGS単位系のダインは、実用的には単位が小さすぎ、電気の実用単位との関係も複雑になるため、メートル（m）・キログラム

(kg)・秒（s）のMKS単位系や、これにアンペア（A）を基本単位として加えたMKSA単位系を用いるようになっていきました。

重力単位系は、質量の代わりに重力（力）を基本単位として含むものです。力の単位を重量（力）グラム（g）あるいはグラム重（g重）で表すCGS重力単位系や、重量（力）キログラム（kg）あるいはキログラム重（kg重）で表すMKS重力単位系があります。

筆者が確認した範囲では、一九六〇年代まで力の単位は「キログラム・メートル毎秒毎秒」がほとんどで、「ニュートン」や「ダイン」もなくはないというくらいでした。

一九七二年に「力のMKS単位」という項目がある教科書が現れました。これは、一九七〇年一〇月告示の学習指導要領高校編で「主としてMKSA単位系とする」とした影響だと考えられます。一九七七年の教科書からはCGS単位系のダインが消え、その後は全面的にMKSA単位系になりました。

†単位ニュートンは二〇〇二年から登場

中学理科が高校物理では扱われていた力の単位ニュートン（N）に切り替わったのは、**厳選とゆとり教育の時代**（二〇〇〇年代）になってからです。それ以前は、「一〇〇gの力」などが用いられていましたが、**現代化の時代**（一九七〇年代）には、グラム重（g

重）やキログラム重（kg重）が用いられていました。

質量の単位、グラム（g）やキログラム（kg）と、グラム重（g重）やキログラム重（kg重）との違いは、後者が重力単位系の単位だということです。物体が受ける重力の大きさは、物体の質量に比例します。そこで、質量一グラムの物体に地球上で働く重力の大きさを一グラム重と決め、力の大きさの単位としたのです。

質量一グラムの物体が受ける重力が一グラム重、つまり重量（重力量）は一グラム重ということで、ある意味わかりやすかったのですが、**理数教育充実の時代**（二〇一〇年代）に世界共通で使われている国際単位系の力の単位ニュートン（N）が採用されたのです。

教科書では、中学一年で、まず質量を定義します。「上皿てんびんや電子てんびんではかることができる量を質量という。質量は、物質そのものの量を表す」です。これは質量の操作的定義です。

力の単位ニュートン（N）が出てくるのは、「力のはかり方と表し方」です。「ばねにかかる力とばねの伸びは比例することを利用して、ばねの伸び方で、力の大きさをはかれるようにした道具がばねばかりである。ばねばかりを使うと、異なる物体に働く重力の大きさを比べることができる。力の大きさの単位にはニュートン（記号N）が使われる。1Nは、物体100gに働く重力の大きさにほぼ等しい」と説明しています。

言い換えると、ニュートンの目盛りがついたニュートンばねばかりではかった量がニュートン単位の重力になります。物体の重量は、正確には物体の質量（kg）に重力加速度9.8N／kgを乗じた値です。たとえば、質量が100g（＝0.1kg）の物体の重量は、9.8N／kg×0.1kg＝0.98Nです。

†圧力の単位パスカル

力の単位がニュートンに切り替わった**厳選とゆとり教育の時代**の〇二年度教科書には、溶液の質量パーセント濃度の式や密度の式が、高度だという理由で載っていません。この時代の後半には、「発展学習」としてそれらを載せることができるようになりましたが、発展学習は全員が学習しなくてよい内容です。

しかし、同様の高度さをもった圧力の単位パスカル（Pa）は、**厳選とゆとり教育の時代**の教科書に新登場します。それまでの「キログラム重毎平方メートル（圧力＝面を垂直に押す力／力が働く面積）」も残ってはいたのですが、中学二年「天気」の単元でヘクトパスカル（hPa）が出てくるので、圧力の単位はパスカルを用いるようになったのでした。

テレビやラジオの「天気予報」は戦後すぐ（一九四五年一二月一五日）からミリバール（mb）が使われていましたが、一九九二年一二月一日にはヘクトパスカルに切り替わっていました。

バール、ミリバール（一バール＝一〇〇〇ミリバール）とは、CGS単位系の圧力の単位です。いっぽう圧力の単位パスカルは国際単位系です。一ミリバール＝一ヘクトパスカルなので、単位が変わるだけで数値は同じですみました。なお、一気圧は一〇一三・二五ヘクトパスカルです。

単位名の由来となったパスカルとは一七世紀の哲学者、数学者、物理学者だったフランスの天才ブレーズ・パスカル（一六二三～六二）です。

彼の「人間は考える葦《あし》である」は、三九歳で死去後に遺稿をまとめた『パンセ』にある言葉です。葦は高さ二～三メートルになるイネ科の多年草で、ヨシともいわれます。沼や川の岸に大群落を作ります。

「人間は、自然のうちで最も弱い一本の葦にすぎない。しかしそれは考える葦である。これをおしつぶすのに宇宙全体が武装する必要はない。一つの蒸気、一つの水滴もこれを殺すのに十分である。

しかし宇宙がこれを押しつぶすとしても、そのとき人間は、人間を殺すこのものよりも崇高であろう、なぜなら人間は、自分の死ぬことを、それから宇宙の自分よりずっとたちまさっていることを知っているからである。宇宙はなにも知らない」（津田穣訳）

パスカルは幼いころから数学に関して天才的な能力をもっていました。役所で徴税の仕事をしていた父のために、一六四二年、一九歳のときに世界で初めて手回し式の計算機パスカリーヌを完成させました。0から9までの数字が書かれた歯車によって作られていて、足し算や引き算ができました。筆者は、パリの科学館でこれを見て感動しました。

圧力の単位にパスカルが使われているのは、彼が真空や大気などについて研究し、優れた業績をあげたからです。そのうちの一つが、「容器に閉じこめられた液体や気体に加えられた圧力は、その液体や気体の各部に同じ強さで伝わる」という「パスカルの原理」の発見です。油圧機はこの原理を応用したものです。

けれど、パスカルの原理は**学習内容精選開始時代**以降、中学の教科書から消えてしまいました。

†体積の単位リットルはℓから大文字Lに

理数教育充実の時代に、メートルやリットルなどの単位記号の表記は、すべて立体（斜体ではないもの）に統一されました。とくに、リットルは筆記体小文字「ℓ」で書かれていましたが、立体大文字「L」になりました。立体小文字「l」でもよいのですが、数字の「1」との区別がしにくいので、「L」になったのです。

理科だけではなく、算数・数学でも同じ扱いになりました。

小学理科五年「物のとけ方」で「水100mL」などが出ています。

また、中学校理科や中学校数学の速さは、「m／秒」「km／時」のように表記されていたものは「m／s」「km／h」になりました。これも国際単位系の表記に従ったからです。

†「カロリー」から「ジュール」へ

生活の中でエネルギーの単位といえばカロリー（cal）でした。しかし、現在は中学の教科書では、電力量、熱量、仕事、エネルギーの単位として、ジュール（J）が使われています。中学や高校の理科の分野でも幅をきかせていましたが、**理数教育充実の時代**に国際単位系のジュールに置き換わったのでした。

カロリーは、一気圧のもとで一グラムの水の温度を一度上げるのに必要な「熱量」です。

現在でも、栄養分野ではカロリーが使われているので、技術・家庭科はカロリーが主流です。しかし、日本食品標準成分表にカロリーとジュールを併記してあるので、技術・家庭科の教科書も二〇〇六年版から二つの単位を併用しています。食品や栄養の世界ではジュールに一本化するのは難しいようです。

一ジュールは、「物体に一ニュートンの力をかけて力の方向に一メートル動かすために必要なエネルギー」と定義されます。一ニュートンの定義は、一キログラムの物体を一秒あたり、その速さを一メートル毎秒加速させる力です。

中学二年「電気エネルギー」の単元で、ジュールは熱量と電力量の単位として出てきますが、中学三年「エネルギーと仕事」の単元では仕事の単位としてジュールが登場します。仕事の大きさ（仕事量）は力×距離なので、その単位は、ニュートン・メートル（N・m）。これは一ニュートン（N）で一メートル（m）動かす仕事量が一ジュール（J）ということです。また仕事率（一秒間あたりにする仕事）の単位ワット（W）は、

仕事率（W）＝仕事（J）／かかった時間（s）

という式で計算します。

†カロリーは推奨しがたい、もっともな理由

先述のように、カロリー（cal）は熱量の単位です。国際単位系では熱量の単位はジュールを使用しており、カロリーは「推奨しがたい単位」とされています。それはなぜでしょ

うか。

『岩波理化学辞典 第5版』（岩波書店）によると、カロリーは、ジュールとの関係において複数あります。たとえば、気体を含まない純水一グラムを一気圧の圧力下で一四・五℃から一五・五℃まで上げる熱量「一五度カロリー（または水カロリー）」の一カロリーは四・一八五五ジュールというもの。または、一グラムの水を一気圧の圧力下で〇℃から一〇〇℃に上げる熱量の一〇〇分の一「平均カロリー」の一カロリーは四・一八九七ジュールというもの。さらに熱力学的な化学平衡論で用いられる熱化学カロリーというものもあり、その一カロリーは四・一八四ジュールになる……など五通りあるのです。

そう考えれば「カロリーは推奨しがたい単位」となるのは理解できるのではないでしょうか。

以前の計量法では、温度を指定しないときの一カロリーは四・一八六〇五ジュールとなっていましたが、一九九二年の改正以降は四・一八四ジュールとなっています。

†電気用図記号の「抵抗」

回路を図に表す場合には、電気用図記号が用いられます。電気用図記号はＪＩＳ（日本産業規格。日本の産業製品に関する規格や測定法などが定められた日本の国家規格のこと）で決

電気回路図の記号変更

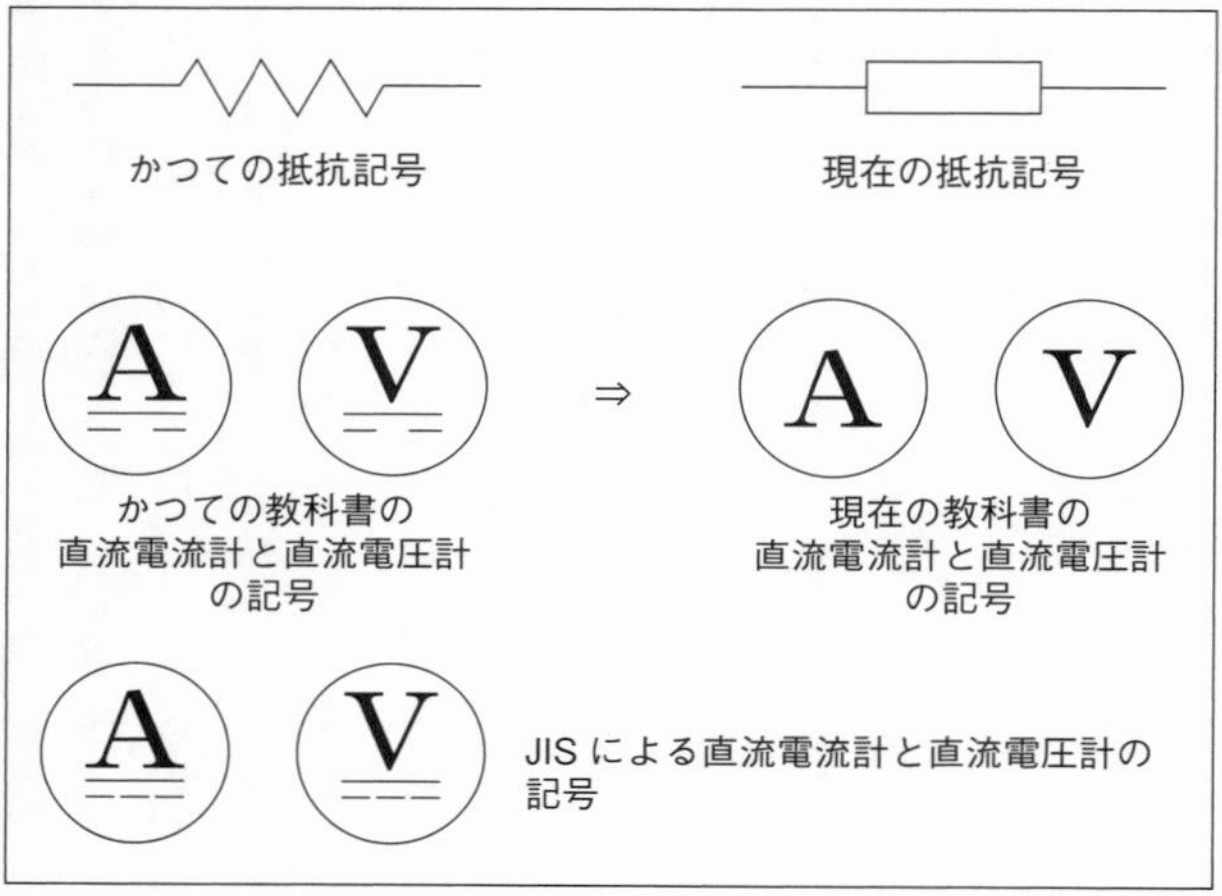

められています。ＪＩＳの電気用図記号が改訂されると教科書に反映されます。**厳選とゆとり教育の時代**に、ＪＩＳの改訂に伴ってジグザグだった抵抗器または電熱線の記号が改訂されました。

ジグザグの記号は電熱線のイメージに合うかも知れませんが、オームの法則で抵抗器に電圧をかけて電流がどうなるかを調べる実験は、電熱線からセメント抵抗器に変わっています。セメント抵抗器の形は、長方形の箱形ですから、新しい記号にぴったりきます。

厳選とゆとり教育の時代の四分の一改訂の教科書では、直流用電流計、直流用電圧計の記号が簡便化されました。それまでは、直流用電流計、直流用電圧計ではAやVの下に補助記号として一本の直線と短線二本をつけていましたが、直線と短線二本を省略しました。

なお、JISによる電圧計や電流計の記号は、直線一本と短線二本ではなく、直線一本と単線三本が正しい記号です。教科書でそうなってしまった原因は、もとにした資料である「JIS C 0607 電気用図記号」に、編集上のミスがあったからでした。

†陽イオンと陰イオンで呼び方を変更

現代化の時代に、陽イオンと陰イオンを区別できる呼び方に変わりました。

たとえば、塩素の陰イオンCl^-は、その前の六〇年代まで中学校理科教科書に塩素イオンと書かれていましたが、塩化物イオンに変わりました。また、水酸イオンと呼ばれていたOH^-は、水酸化物イオンになりました。つまり、塩化物や水酸化物をつくるイオンは陰イオンと呼ばないで塩化物イオン、水酸化物イオンと呼ぶことにしたのです。

そして、塩素イオンと呼ぶのは、塩素の陽イオンのことに限定しました（Cl^+は、安定なイオンではないので、中学・高等学校では出てきませんが）。ほかについても、O^{2-}は酸化物イオン、S^{2-}は硫化物イオン、I^-はヨウ化物イオンなどという呼び方になりました。つまり元素名にイオンを付けた呼び方は全部陽イオンなのです。

†中学校理科から「化合」が消える

日本最大の化学研究者の学会である日本化学会は、二〇一五年と二〇一六年に、「高等学校化学で用いる用語に関する提案」をしました。提案は、教育現場である高等学校の化学で改善が求められ、しかも疑義を感じる用語について、「本来の意味が十分に伝わるか」「大学で行われる教育・研究との整合性がよいか」「国際慣行に合致するか」という三つの観点から、高校生に過度な負担をかけず教育効果が上がるよう、もっとも適切な用語をまとめたものでした。

この提案にもとづいて、**理数教育充実の時代〔続〕**用の学習指導要領中学校理科から「化合」が消えました。二〇二一年中学教科書から項目名「化合」がなくなり、「化学変化」などに変更になりました。化合物は化合のみによって作られるという誤解を避けるためと考えられます。なお、化合物という用語は残っています。

単体どうしが反応して化合物（二種類以上の原子からなる物質）になる化学変化を化合と呼ぶことは問題ありません。

ほかにもたとえば、イオンを表す記号をイオン式と呼んでいましたが、イオンを表す化学式などに変更がありました。

変更された高校化学の用語

イオン式：イオン式は使わず、「化学式」を使う。
価標：特別な呼称をつけない（必要なら「線」「結合」などと呼ぶ）。
希ガス：「貴ガス」に変更。
共有結晶：「共有結合の結晶」か「共有結合結晶」とする。
金属の結晶：「金属結晶」とする。
昇華の逆過程：気体→固体は「凝華」と呼ぶ（固体→気体は従来のまま「昇華」）。
絶対質量：たんに「質量」でよい。
融解塩電解：「溶融塩電解」に統一する。
六方最密充塡：「六方最密構造」に一本化する。
イオン反応式：「イオンを含む反応式」などのように表記する。
標準状態：「標準状態」という用語を使わない（「標準状態で1Lの気体」とせず、「0度、1.013×10^5 Paで1Lの気体」とする）。
アルカリ土類金属：2族のすべてをアルカリ土類金属（アルカリ土類元素）と呼ぶ。ただし「BeとMgを除くことがある」と付記してもよい。
（イオンの）価数：イオンの「電荷」が定着するような記載に直す。
遷移元素：3～12（または3～11）族元素の総称として使用する。
（注）12族元素は、遷移元素に含める場合と含めない場合がある。
電子式：学習の便宜のために「電子式」という語を残す場合は、一般用語として扱い太字にはしない。
アルデヒド基：「ホルミル基」とする。「アルデヒド基」は使わない。
活性化状態：「遷移状態」に変更する。
幾何異性体：「シス-トランス異性体」に一本化する。
ケトン基：>C=Oは「カルボニル基（carbonyl group）」とする。「ケトン基」は使わない。
光学異性体：「鏡像異性体」に一本化する。
沸点上昇度・凝固点降下度：「沸点上昇」、「凝固点降下」に統一する。
両性元素：「両性」は、両性を示す物質群の修飾語として使う。
化合：中学校では、単体どうしの反応だけに使用を限る。
質量作用の法則：意訳にはなるが、「化学平衡の法則」に変更する。

高校化学で用いる用語は前頁に示したように大きく変更されます。

†遺伝用語「優性、劣性」は「顕性、潜性」へ

二〇一七年、日本遺伝学会は、長年使ってきた「優性」や「劣性」などの用語を使わず言い換えることを決めました。その理由は、「「優性、劣性」は遺伝学用語として長年使われていたが、優・劣という強い価値観を含んだ語感に縛られている人たちが圧倒的に多い。疾患を対象とした臨床遺伝の分野では「劣性」遺伝のもつマイナスイメージは深刻でさえある。一般社会にもすでに定着している用語ではあるが、この機会に、歴史的考察もしながら、語感がより中立的な「顕性、潜性」に変更することになった」というものです。

日本遺伝学会は、教科書の記述も変更するよう、関連学会とともに文部科学省に要望書を提出。そこで、**理数教育充実の時代〔続〕**の中学教科書は、遺伝子の二つの型のうち特徴が現れやすい遺伝子を顕性、現れにくい遺伝子を潜性とし、顕性形質（優性形質）などとしました。

ほかにも、「突然変異」の原語に「突然」という意味は含まれていないため「突然」を除いて「変異」に、「色覚異常」や「色弱」も「色覚多様性」と変更する提案がなされています。

†富士山は活火山

かつて火山は、活火山、休火山、死火山の三つに分けられていました。現在噴火または噴気活動を続けている火山を活火山、現在は活動していないが歴史時代に活動した記録が残っている火山を休火山、歴史時代の活動の記録がない火山を死火山としていました。

しかし、火山の寿命が長く、歴史時代の噴火の有無で分けることは意味がないということで、休火山、死火山はなくなってしまいました。

二〇〇三年一月に、気象庁火山噴火予知連絡会は、活火山を定義し直しました。それまでは、過去およそ二〇〇〇年以内に噴火した火山及び現在活発な噴気活動のある火山を活火山としてきましたが、概ね過去一万年以内に噴火した火山及び現在活発な噴気活動のある火山を活火山としたのです。

厳選とゆとり教育の時代の二〇〇六年中学教科書から、この新しい定義に変わりました。当初、この基準に基づく日本の活火山の数は一〇八でしたが、二〇一一年六月に二火山、二〇一七年六月に一火山が新たに選定され、活火山の数は全国で一一一となっています。

理数教育充実の時代の中学一年の教科書では、「日本は世界の中でも火山が多い地域であり、現在一〇〇以上の活火山がある。その中のいくつかの火山は現在も活発に活動して

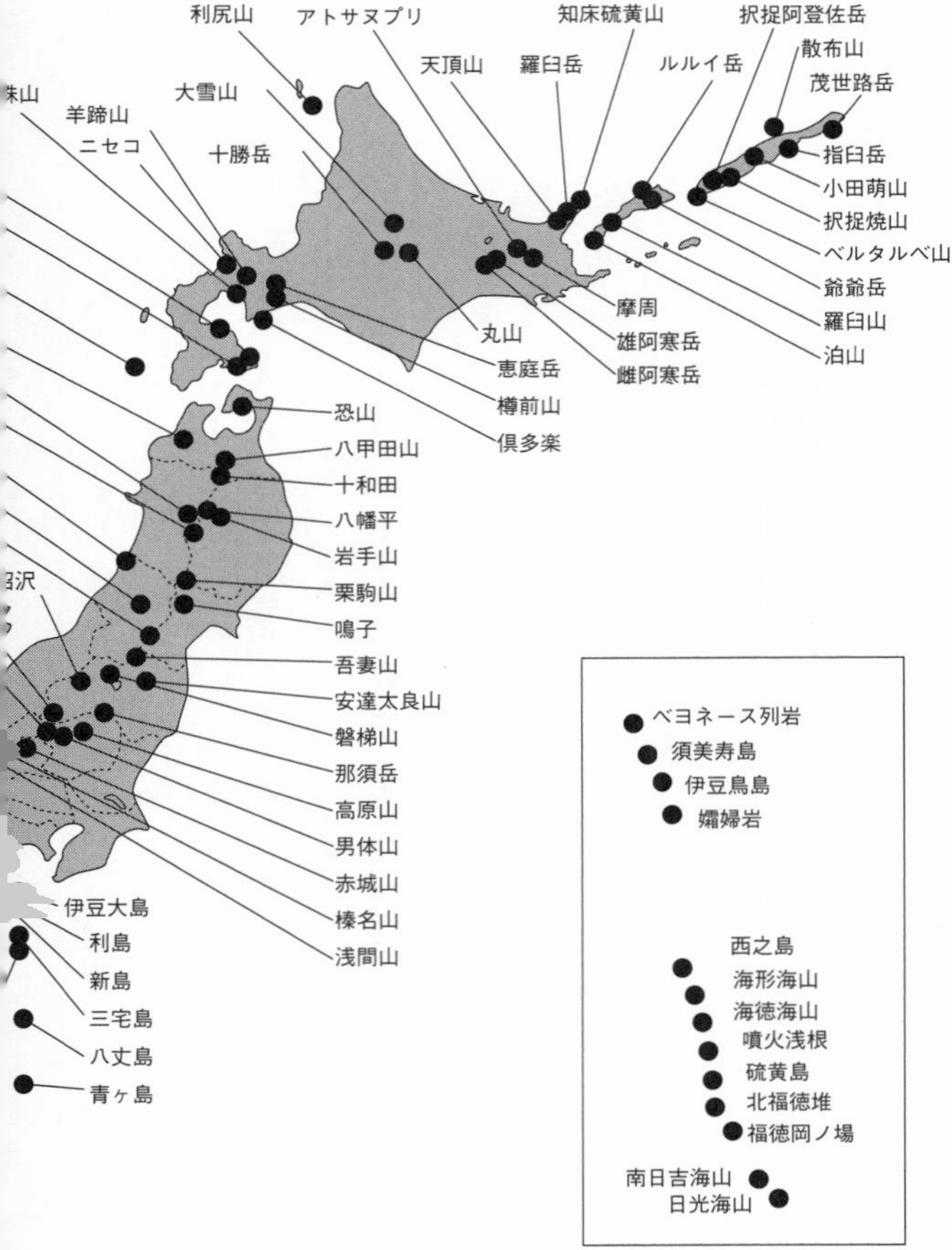

利尻山
アトサヌプリ
知床硫黄山
択捉阿登佐岳
散布山
茂世路岳
天頂山
羅臼岳
ルルイ岳
大雪山
羊蹄山
ニセコ
十勝岳
指臼岳
小田萌山
択捉焼山
ベルタルベ山
爺爺岳
羅臼山
泊山
摩周
雄阿寒岳
雌阿寒岳
丸山
恵庭岳
樽前山
倶多楽
恐山
八甲田山
十和田
八幡平
岩手山
栗駒山
鳴子
吾妻山
安達太良山
磐梯山
那須岳
高原山
男体山
赤城山
榛名山
浅間山
伊豆大島
利島
新島
三宅島
八丈島
青ヶ島
ベヨネース列岩
須美寿島
伊豆鳥島
孀婦岩
西之島
海形海山
海徳海山
噴火浅根
硫黄島
北福徳堆
福徳岡ノ場
南日吉海山
日光海山

日本の活火山地図

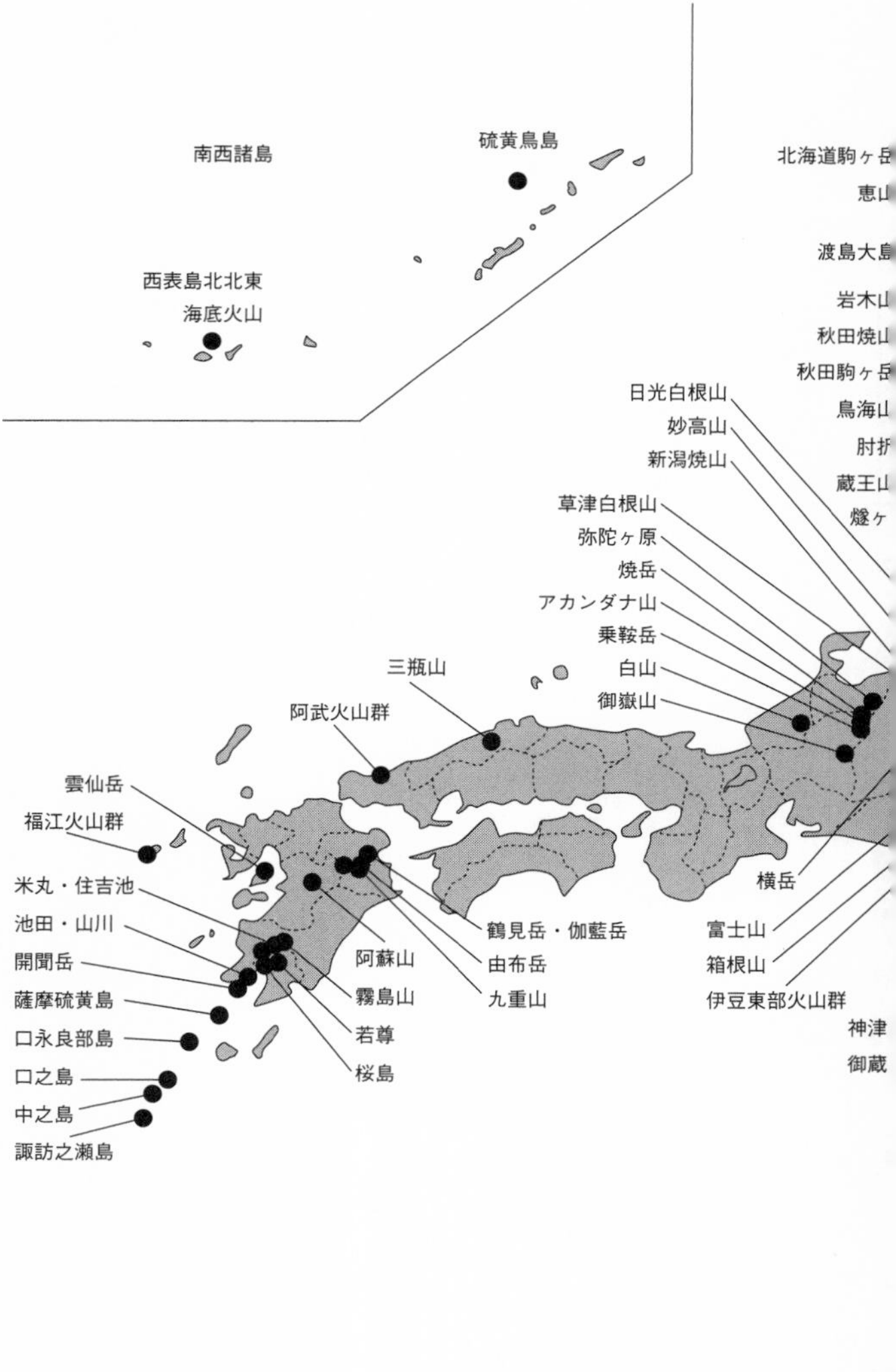

南西諸島
硫黄鳥島
西表島北北東
海底火山
北海道駒ヶ岳
恵山
渡島大島
岩木山
秋田焼山
秋田駒ヶ岳
日光白根山
鳥海山
妙高山
新潟焼山
蔵王山
草津白根山
弥陀ヶ原
焼岳
アカンダナ山
乗鞍岳
白山
御嶽山
三瓶山
阿武火山群
雲仙岳
福江火山群
米丸・住吉池
池田・山川
開聞岳
薩摩硫黄島
口永良部島
口之島
中之島
諏訪之瀬島
阿蘇山
霧島山
若尊
桜島
鶴見岳・伽藍岳
由布岳
九重山
横岳
富士山
箱根山
伊豆東部火山群

いる」として、活火山を側注で、「現在活発に活動している火山に加えて、およそ過去一万年以内に噴火した記録がある火山を活火山と定義している（略）火山はすべて活火山である」と説明しています。休火山の分類があった頃は、富士山は休火山でしたが、新しい定義では富士山は活火山に分類されています。

†地質年代の変更

新生代は第三紀と第四紀の二つに分かれていたのが、**理数教育充実の時代**から、新生代は古第三紀、新第三紀、第四紀の三つに分けられることになりました。

国際地質科学連合が、新生代を古第三紀、新第三紀、第四紀の三つの紀からなるものとし、第三紀の用語を廃止したことを受けてです。

また、第四紀の始まりの年代が変わりました。始まりがそれまでより約八〇万年早くなり、約二五八万年前になりました。教科書では二六〇万年前です。古生代―中生代の境界は二億四〇〇〇万年前だったのが二億五〇〇〇万年前に、中生代―新生代の境界は六五〇〇万年前だったのが六六〇〇万年前に変更されました。

記憶に新しいところでは二〇二〇年一月、国際地質科学連合の総会で、新生代第四紀更新世中期（七七万四〇〇〇年前〜一二万九〇〇〇年前）の地質年代の名称がチバニアンと呼ばれることになりました。千葉県市原市にある地層が、その地質年代を研究するのに適しているためです。**理数教育充実の時代〔続〕**〈小二〇二〇年・中二〇二一年～〉の教科書は間に合わなかったと思いますが、ほとんどの改訂教科書には掲載されるのではないでしょうか。

地質年代表

			完新世	現在
新生代	第四紀	更新世	後期	12万9000年前
			チバニアン	77万4000年前
			カラブリアン	
			ジェラシアン	258万年前
	新第三紀		鮮新世	
			中新世	2303万年前
	古第三紀		漸新世	
			始新世	
			暁新世	6600万年前
中生代			白亜紀	
			ジュラ紀	
			三畳紀	2億5000万年前
古生代			ペルム紀	
			石炭紀	
			デボン紀	
			シルル紀	
			オルドビス紀	
			カンブリア紀	5億4100万年前
先カンブリア時代			原生代	
			太古代（始生代）	
			冥王代	46億年前

※国際層序委員会の資料を基に作成

†地震の震度、体感から震度計へ

地震のゆれの大きさを表した震度階級表は、一九九六年四月一日に震度5と6にそれぞれ「弱」と「強」を設けて一〇段階となりました。

これは、一九九五年一月一七日の兵庫県南部地震（阪神・淡路大震災）などの大地震で、震度5や震度6の地域で、被害の程度の幅が大きかったので、より細かな被害の判定のためでした。このとき、体感による判定は全廃し、九六年四月以降、震度計による判定に移行しました。

その後、二〇〇九年三月に改訂されています。震度階級は一〇段階のまま変更なしでしたが、震度6強と震度7は強い揺れであり、人間の感覚では区別が困難なため、人の体感・行動の事項では、震度6強と震度7の項を統合して記載するようになるなど修正されました。理科の教科書にももちろん反映されています。

気象庁による揺れと被害状況の目安は、次の通りです。

・震度0「人は揺れを感じない」
・震度1「屋内で静かにしている人の中には、揺れをわずかに感じる人がいる」
・震度2「屋内で静かにしている人の大半が、揺れを感じる」

・震度3「屋内にいる人のほとんどが、揺れを感じる」
・震度4「ほとんどの人が驚く」「電灯などのつり下げ物は大きく揺れる」「座りの悪い置物が、倒れることがある」
・震度5弱「大半の人が、恐怖を覚え、物につかまりたいと感じる」「棚にある食器類や本が落ちることがある」「固定していない家具が移動することがあり、不安定なものは倒れることがある」
・震度5強「物につかまらないと歩くことが難しい」「棚にある食器類や本で落ちるものが多くなる」「固定していない家具が倒れることがある。補強されていないブロック塀が崩れることがある」
・震度6弱「立っていることが困難になる」「固定していない家具の大半が移動し、倒れるものもある。ドアが開かなくなることがある」「壁のタイルや窓ガラスが破損、落下することがある」
・震度6強と震度7共通「立っていることができず、はわないと動くことができない。揺れにほんろうされ、動くこともできず、飛ばされることもある」
・震度6強「固定していない家具のほとんどが移動し、倒れるものが多くなる」「壁のタイルや窓ガラスが破損、落下する建物が多くなる。補強されていないブロック塀のほとんどが崩れる」

・震度7「固定していない家具のほとんどが移動したり倒れたりし、飛ぶこともある」「壁のタイルや窓ガラスが破損、落下する建物がさらに多くなる。補強されているブロック塀も破損するものがある」

†冥王星が惑星の仲間から外れた！

理数教育充実の時代の中学教科書には、太陽系の惑星は水星・金星・地球・火星・木星・土星・天王星・海王星の「八つ」が記されています。昭和世代が使っていた教科書は、太陽系の惑星として「九つ」の天体名が載っていました。一番外側を回っていた冥王星があったのです。

冥王星が外れたのは、なぜでしょうか。

惑星の定義の議論がなされたのは、二〇世紀末から二一世紀初頭にかけてです。天文学の観測機器や観測法の発展により冥王星の周辺に同じような軌道を持つ天体が多数ある（エッジワース・カイパーベルト天体）ことが判明し、中には冥王星とほぼ同じくらいの大きさをもつ天体（エリス等）も見つかったことから検討が始まりました。そして、二〇〇六年に開かれた国際会議で惑星の定義を決めました。惑星の定義は次の三つです。

①太陽の周りをまわっていること
②十分重く、重力が強いため丸い形をしていること
③周りに同じような天体が存在しないこと

こうした経緯で、太陽系の惑星から冥王星が消えたのです。

教科書は、二〇〇七年から冥王星をはずしています。**理数教育充実の時代**の中学教科書には、惑星以外の太陽系の天体の中に冥王星、月、木星の衛星、小惑星、すい星がありま す。冥王星は、「以前は惑星に分類されていたが、太陽系の研究が進んだことで、新しいグループの太陽系外縁天体に分類された」と説明されています。

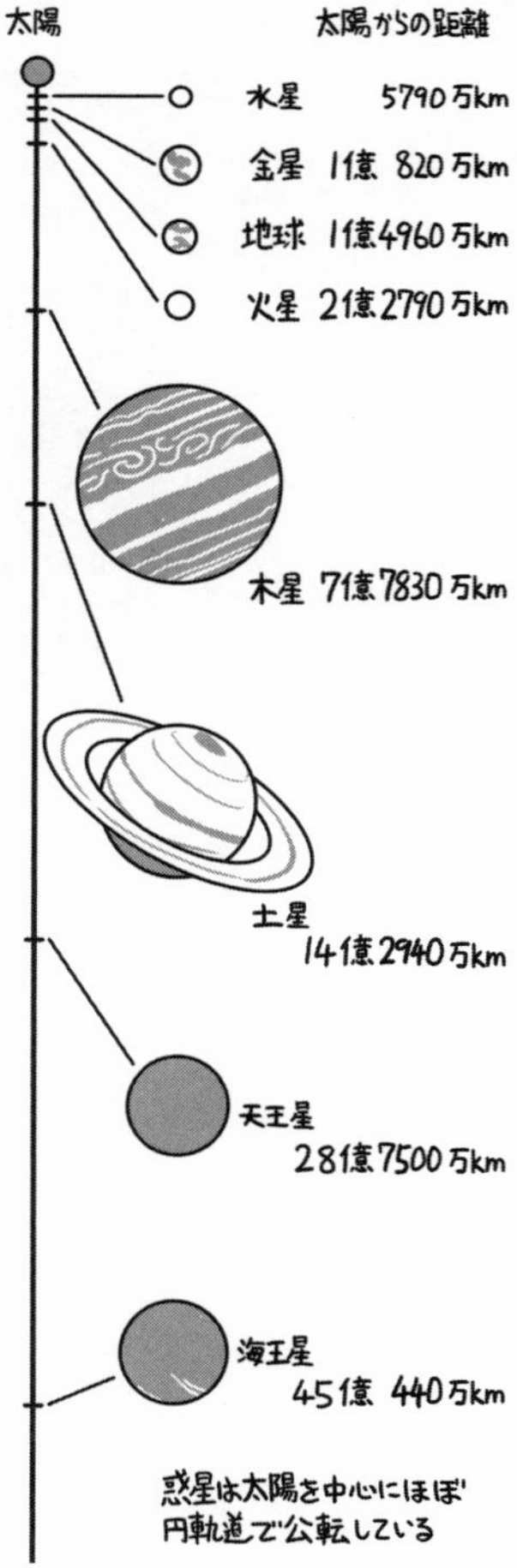

†銀河系の図が変わった！

銀河とは、恒星、惑星、衛星、星団、星雲などの集合体をいいます。ふつう「銀河系」といえば、私たちの住む地球（太陽系）が属している「天の川銀河」をさします。宇宙に数多くある銀河は、物質や恒星の分布のしかたによって、渦巻銀河、棒渦巻銀河、不規則銀河などいろいろな形があります。

つい最近まで、天の川銀河は渦巻銀河と思われていたので、教科書にもそのような図が載っていました。

ところが今は、天の川銀河は中心部付近に棒状に細長く伸びた構造を持っていると考えられるようになりました。それは棒渦巻銀河の姿です。

二〇〇五年にスピッツァー宇宙望遠鏡によって行われた観測でもこの姿は裏付けられました。

ということで、**理数教育充実の時代**には、天の川銀河が棒渦巻銀河だとわかるように、中心が円ではなく、銀河に横たわる長方形の短い二つの辺から渦状の腕が伸びている想像図が載っています。「発展学習」のコラム「銀河系の中心には何があるか?」では、「太陽の約四〇〇万倍もの質量をもつ巨大なブラックホールがあると考えられている」ことが紹介されています。

第五章　消えた理科実験を考える

†小学生と炎

アルコールランプは、理科の実験器具として加熱には必須でしたが、「安定性がよくない（倒れやすい）」という安全上と、「炎の調節が難しい」という実験上のマイナス面がありました。

さらに、アルコールランプは事故が多い実験器具でした。アルコールが少なくなると、ランプ内部にアルコール蒸気と空気が混じることがあります。その混合比が爆発限界になると、点火したとき芯が飛んだり、一気に爆発したりする危険がありました。

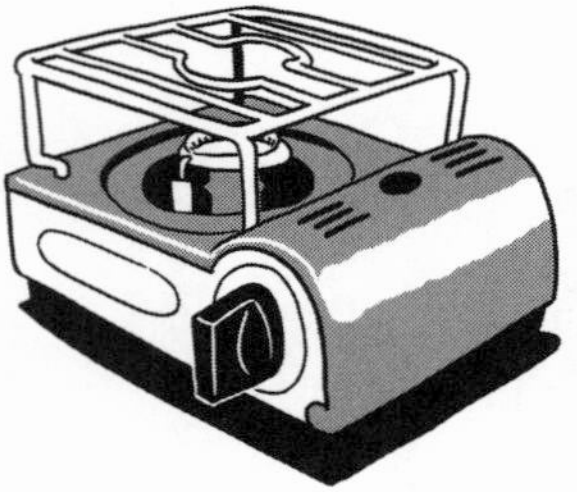
実験用ガスコンロ

そこで、小学理科教科書の加熱実験は実験用ガスコンロが主流になりました。炎の調節がしやすくピンポイントで加熱できるので対流の実験などがやりやすくなりました。

ただしいまも小学教科書には、アルコールランプの使い方は巻末に紹介されています。

アルコールランプが消えたことで、同じ運命をたどったのがマッチです。実験用ガスコンロなら、つまみを回すのと連動して点火プラグがスパークしますから、マッチは不要です。筆者は、ときどき小学校で理科授業をしますが、点火はマッチではなく点火器具を使っています。アルコールランプの時代でも、小学校ではすでにマッチから点火器具に変わっていました。中学校では加熱器具はガスバーナーですが、やはり火をつける場合多くはマッチから点火器具に変わっています。

二〇一〇年代の**理数教育充実の時代**の教科書を見ると、小学六年「物の燃え方と空気」の「集気びんの中でろうそくを燃やし続けるには、どうしたらよいのだろうか」の実験に、「火を使うときの道具」として、「マッチ、燃えさし入れ、ぬれたぞうきん」があげられています。しかし、実際には学校でマッチを使っていないでしょう。中学校のガスバーナーを使う実験の「準備するもの」には、マッチも点火器具もありません。なお、一部の理科教師は、マッチの使い方を一時間かけて指導しています。それでもマッチを擦《す》れない子どもたちがいるようです。

火を使う実験に不可欠だった道具に「石綿付き金網」もありました。石綿付き金網とは、耐熱性のアスベスト（石綿）を金網に付着させたものですが、いまは使われていません。

空気中にただよう微細な石綿繊維が人間の健康にかなり有害ということから、文部科学省は、二〇〇五年八月、都道府県教育委員会に「石綿付き金網をセラミック付き金網に代替を」と廃棄処理を要請しました。アスベスト粉じんの吸入により発症するアスベスト肺、肺がん、中皮腫が大きな社会問題になっていました。

いまでは教科書に載っている実験器具も、セラミック付き金網に変わっています。セラミック付き金網は、四角い金網に白色の繊維状のセラミックを円形に付けたもので、石綿付き金網と見た目は似ています。また、セラミックが付いていないステンレス鋼の金網も使われています。

†かつてより手軽になった実験器具

小学六年「てこのはたらき」にてんびんが出ています。実際に教科書で、重さをはかっている場面は、小学五年「物のとけ方」で、「水にとかす前と後の食塩の重さを比べましょう」ですが、はかりは、台ばかりを使っています。「台ばかりのかわりに、電子てんびんを使って調べてもよい」とあります。

中学教科書には、一年で、上皿てんびんの使い方と電子てんびんの使い方の両方が出ています。しかし、実際に質量をはかる場面では電子てんびんになっています。いまでは小学校でも中学校でもほとんど電子てんびんを使っているようです。

小学六年「物の燃え方と空気」、中学一年「いろいろな気体」、中学二年「化学変化と原子・分子」などの実験で、窒素、酸素、二酸化炭素の実験用気体が使われています。かつては酸素や二酸化炭素などの気体は、気体発生装置を組み立てて発生させて使いましたが、いまは缶入りの実験用気体を使う場合が多くなりました。

小学六年「物の燃え方と空気」では、二酸化炭素を調べるのに、石灰水と検知管を用います。石灰水は二酸化炭素を通すと、それが白く濁ることを確認します。

検知管では、燃焼前後の空気にふくまれる酸素と二酸化炭素の体積の割合を調べます。

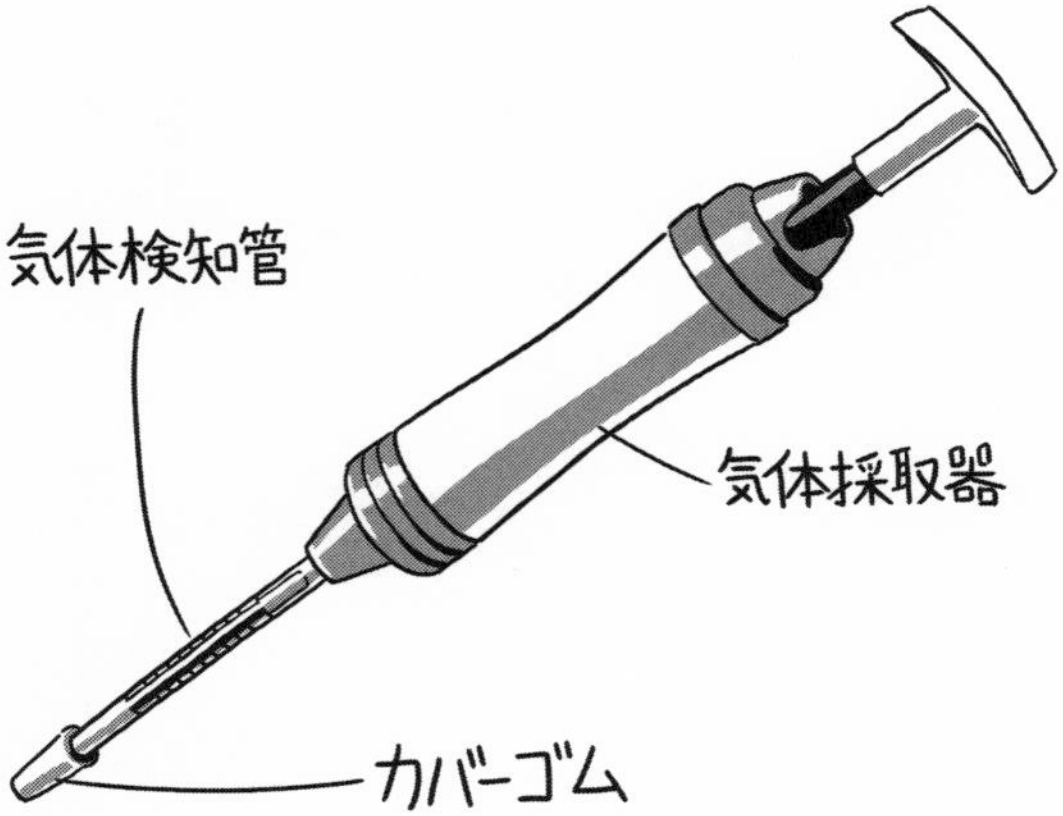

まず、何もしていない集気びん中の二酸化炭素と酸素の濃度を気体検知管ではかります。使うのは、二酸化炭素検知管（〇・〇三～一％用）と酸素検知管（六～二四％用）です。結果は、酸素が約二一％、二酸化炭素が約〇・〇三％になります。何もしていない集気びんの中の気体ですから、空気中の二酸化炭素と酸素の濃度をはかることと同じです。

次に、ろうそくの火が消えた後の集気びん中の気体を二酸化炭素検知管（〇・五％～八％用）と酸素検知管でそれぞれの濃度を調べます。たとえば、酸素が約一七％、二酸化炭素が約三％になります。

デジタル気体チェッカーという実験器具が使われることもあります。小学教科書の「気体検知管の使い方」に、「デジタル測定器を

使って、空気中の酸素や二酸化炭素の体積の割合をはかってもよい」とあるデジタル気体チェッカーがこのデジタル測定器です。

小学教科書四年、五年、六年の巻末「理科室の使い方」には、「薬品や水よう液をあつかうときは、保護めがねをつける」とあります。たとえば、小学六年「物の燃え方」で、ろうそくが燃える前と燃えた後の空気を石灰水で調べる実験では、「きけん　保護めがねをつけて調べる」という注意が赤字で入っています。

中学教科書では、必要な箇所に「注意　保護眼鏡のイラスト」と共に「保護眼鏡を着用して実験を行う」という赤字があります。

理科実験の安全性への配慮は年々高まっています。

†分子の大きさを求める実験

七〇年代の**現代化の時代**、アメリカの科学教育現代化の中学用教科書IPS（物理科学入門）にあった実験が、日本の中学校でも行われていました。

それは、水面にオレイン酸の単分子膜を作り、その体積と単分子膜の面積から、膜の厚さ（分子の長さ）を求めるという実験です。

タルク（滑石というやわらかい鉱物の粉末）を水面いっぱいに振りまき、そこにオレイン酸のエタノール溶液（五〇〇倍）を一滴落とします。するとオレイン酸の単分子膜ができてタルクを押しのけるので、上からラップフィルムをあてて、単分子膜の形を写し取り、単分子膜の面積を求めます。

そして、一滴分のオレイン酸の体積から、膜の厚さ（分子の長さ）を計算します。測定誤差も大きく、大まかにしか求められませんが、それでも膜の厚さを、一〇のマイナス九乗（10^{-9}）メートルのオーダーで求めることができます。

†光電池、発光ダイオード、コンデンサー

理数教育充実の時代以降、電気関係でよく見かける道具が小学校の教科書で扱われるよ

うになっています。光電池、発光ダイオード（LED）、コンデンサーです。

光電池とは、太陽電池のことです。シリコン（ケイ素）などの半導体で作られており、この半導体に光が当たると、太陽日射の強さに比例して発電します。小学四年の実験では、光電池に当てる日光の強さを変えて、モーターの回る速さと電流の強さを調べたり、電子オルゴールにつないで音の大きさを調べたりします。二〇二〇年度からは、六年での学習になりました。

生活の中では照明器具として、白熱電球や蛍光灯から発光ダイオード（LED）へと、どんどん置き換わってきています。信号機や電子・電気機器の表示や液晶テレビのバックライトなどにも使われています。かねてより教科書では、回路の学習に豆電球が使われてきましたが、LEDを使った実験も新たに加わってきました。

小学六年「電気と私たちのくらし」では模型用モーターの軸を回して手回し発電機の実験を行いますが、この発電機でつくった電気を、豆電球だけではなく、LEDや電子オルゴール、モーターなどさまざまなものにつなぎます。

現在の小学理科にはコンデンサー（キャパシタ）も登場します。

コンデンサーは一時的に電気をためることのできる電子部品です。回路の中に入れると、余分な電気をためたり、足りなくなったら電気を流したりすることで回路の中の電流を安定させる働きをします。ちなみにコンデンサーは、化学変化を利用していない電子部品のため、充電と放電をくり返しても消耗しません。そのため、さまざまな電化製品の回路に利用されています。たとえば携帯電話に約二〇〇個以上、テレビには約一〇〇〇個以上のコンデンサーが使われています。

小学理科でコンデンサーが活躍するのは、豆電球とLEDの比較実験のときです。手回し発電機を同じ回数だけ回してコンデンサーに電気をため、豆電球とLEDの明かりがつく時間を調べるのです。LEDのほうが、長い時間明かりがつき、むだな熱をほとんど出さずに、電気を効率的に光に変えることを学習します。

消費電力が少ないというのは、電気エネルギーを光に変えるエネルギー効率が高いということです。またエネルギー効率が高いとは、入力した電気エネルギーに対してどのくらいの割合が光（可視光線）のエネルギーになるかを表します。白熱電球では約一〇%、蛍光灯で約二五%ですが、LEDは、三〇〜五〇%といわれています。

†消えたクルックス管の羽根車実験

厳選とゆとり教育の時代に中学理科から削除された陰極線の実験（電子の存在）が、**理数教育充実の時代**に復活しました。しかし、以前扱われていた羽根車入りのクルックス管は使われません。かつてはこの羽根車入りクルックス管の実験で、正極から負極に向かって流れる電流の正体が負極から正極に向かって流れる「質量をもった電子」であることを学んだのですが、その実験は間違っているからです。

クルックス管は一九世紀のイギリス人物理学者ウィリアム・クルックスによって発明された実験用真空放電管です。十字電極入り、スリット入り、羽根車入りなどの種類が知られています。

クルックスは一八七九年の論文において、羽根車入りのクルックス管の羽根車が回転する（陰極線の経路上の羽根車が回転）のは、質量をもつ荷電粒子が衝突するからと結論づけました。電子のもつ運動量から説明したのです。

しかし、一九〇三年にイギリスの物理学者トムソンが計算し、電子の運動量では、せいぜい一分間に一回転程度しか羽根車を回転できないと結論づけました。回転する理由は、陰極線が当たった羽の片面の温度上昇による「ラジオメーター効果」によるものであることを示しました。陰極線があたった羽根車の羽根は、わずかにある周辺の空気分子の運動が激しくなり、分子衝突による圧力差が生じ、羽根が回転します。これがラジオメーター効果です。

ラジオメーターは、他ならぬクルックスによって発明されました。真空に近いガラス球の中に、片側が黒くその裏側が白色（銀色）の四枚の羽根を付けたもので、光が当たると羽根が回転します。最近ではインテリア用品として販売されています。

一〇〇年以上も前にこのことが示されていたにもかかわらず、かつては理科の教科書において、電子が質量をもった粒子であることを示す例としてこの実験が扱われていました。

✝図工・美術や技術・家庭とのすみ分け

系統学習時代までは、わが国の理科教育にはものづくりの伝統がありました。この時代の小学教科書を見ると、理科遊びや理科工作で、物理分野だけでも次のようなテーマがあります。

一年：ふんすい（噴水を高く上げるにはどうすればよいか）、はね（よくまわり、ゆっくり落ちるはねづくり）、かざぐるま（よくまわる風車づくり）

二年：みずぐるま、かみぶえ（つくって音を出す）、こま（よくまわるこまづくり）、やじろべえ（倒れそうで倒れないやじろべえづくり）、らっかさん（つくって飛ばす）

三年：むしめがね（黒い紙をこがしてみる）、みずでっぽう（つくって水を飛ばす）、紙だまでっぽう（つくってたまを飛ばす）、あおじゃしん（木の葉などの形を写し、青写真の写り方を調べる）、グライダー（つくって飛ばす）、糸でんわ（つくって話をしてみる）、かがみ（三

枚の鏡で万華鏡づくり）、うごくおもちゃ（ゴムやばねで動くおもちゃづくり）

四年：ポンプ（水鉄砲に弁をつけたポンプづくり）、まめ電球とかん電池（シグナルづくり）

六年：もののすわり（研究で起き上がりこぼしづくり）、電じしゃく（電磁石づくり、電信機づくり）

しかし、**現代化の時代**になると、これらのほとんどが教科書から姿を消します。消えたものは理科遊びや理科工作に関係する内容が多かったです。

工作やものづくりは、図工・美術や技術・家庭の分担ということか、学習指導要領理科においては、「観察を行い」「実験を行い」「観察・実験を行い」という言葉は氾濫しているのに、工作やものづくりにかかわる内容がなくなったのです。

皮肉なことに、かつて子どもたちが野外で大いに遊んでいたころの理科の教育課程では、理科工作は重視されていました。

筆者は小学校時代、電信機やブザーを作ったことを覚えています。それは、当時の文部省学習指導要領小学理科で「電磁石を使った簡単な電信機やブザーなどを工夫して作ることができる」という内容があったからであると思います。しかしその後の改訂で、工作やものづくりにかかわる内容が落とされていったのです。

人は、直立二足歩行になることで手が自由に動かせるようになり、手を直接使って、または手で道具を作って自然に働きかけるなかで、巧みな手とすぐれた知力を獲得しました。したがって、子どもたちを人間として育てる理科教育では、自然・ものに働きかけ、頭と手が結合した人間になるように、理科工作・ものづくりを積極的にしたほうがよいのではないでしょうか。

今日のような自然とかかわる体験が難しく、さまざまな遊び体験が不足している時代にあっては、意識して取り組む必要があるでしょう。

†筆者が考える理科工作

教室で行う理科工作は、図工・美術、技術・家庭などの教科と関連はありますが、教科間の連携は薄いのが現状です。「科学に関連する実験である」という目的を明確にもっているものづくりばかりでもありません。

たとえば、紙飛行機、竹とんぼづくりは、流体力学の理論を教えて飛ぶわけをはっきりさせるために行うのではありません。では紙飛行機や竹とんぼづくりは「理科ではない」ということになるのでしょうか。

「できるだけ遠くまでとぶものをつくろう」とか「できるだけ滞空時間が長いものをつくろう」と呼びかけて作らせることで、うまく飛ぶよう経験的に工夫させることは、流体力学の世界を試行錯誤させているということになります。こうなれば、理科教育の範囲でしょう。

電気の世界について、小学校や中学校で扱っている内容の学問的背景は、電磁気学というより電気工学です。しかしこうした分野でも、理科の目を養う授業は可能です。「どうしたら電球がつくのか」から発展して、「どうしたら電球をもっと明るくつけられるか」「どうしたら電球をもっとたくさんつけられるか」などの質問を投げかけ、実践的に課題に取り組んでいくのです。

小学校で電磁気の世界を体験させるには、「強力な電磁石をつくろう」「ブザーをつくろう」「モーターをつくろう」などの工作が考えられます。クリップを回転子の支持台に使うクリップモーターづくりは、理科教科書にも紹介されるようになりました。

中学校なら、「何でもスピーカー」「何でもマイク」が可能です。スピーカーは、固定した磁石のまわりに振動板にくっつけたコイルを置き、コイルに音声電流を流す（ラジオカセットのスピーカー出力にコイルをつなぐ）と、「磁界の中で電流が受ける力」で、コイルが振動し音が聞こえるというものです。

何でもスピーカーは、コイルと磁石を、空き缶や段ボール箱、水槽、紙コップ、やかんなど、何でも振動板にしてしまうという理科工作です。筆者は、「模型用の直流モーターには磁石とコイルが入っているから、これもスピーカーになるのではないか」とやってみたら、モータースピーカーができあがりました。回転軸が音声にしたがって振動します。この軸をプラスチックの水槽にくっつけたら、音が大きく聞こえるようになりました。

逆に、これらをラジカセのマイク入力につなげば、マイクになります。このマイクで吹き込んで、それを再生して聞かせるのです。

以上、いくつかの例をあげましたが、これらの工作・ものづくりは、ほとんどの子どもたちが心を燃やして取り組むものです。その他、カルメ焼き、電気パン、綿あめづくり、結晶づくり、ミニ熱気球づくり、原始火おこし、ガラス細工、スライムづくり、紙づくり、ソーラーバルーンづくり、各種電池づくりなど、授業で行わせたい理科工作やものづくりはたくさんあります。

†備長炭電池（木炭電池）

備長炭電池づくりは、各地の科学実験教室でもよく行われ、中学教科書に取り上げられています。高温で焼いた備長炭は、火持ちがよく燃え方がおだやかで発熱量が大きいのが特長です。放射熱（赤外線）の割合がガス火より大きいので、ウナギの蒲焼きや魚焼きによく使われます。最近は、備長炭を入れてご飯を炊くとおいしいとかということで、スーパーなどで備長炭が入手しやすくなっています。なお普通の炭でも、バーナーで加熱してやれば備長炭の代わりに使えます。

備長炭電池は、この備長炭、食塩水、キッチンペーパー、アルミホイルという「台所にあるものでつくれる電池」ということと、豆電球やモーターを回せる強力さが相まって科学実験教室の人気メニューになっています。

備長炭電池は、筆者の知る限り、拙編著『理科 おもしろ実験・ものづくり完全マニュアル』（九三年、東京書籍刊。残念ながら絶版）に、米村傳治郎さんが執筆してくれたのが源流です。

備長炭に食塩水（濃いほうがよい）をしみ込ませた紙を巻き、その上にアルミホイルを巻いてぎゅっとにぎって密着させるとアルミが負極、炭が正極の電池になります。

この電池で豆電球が光らないという原因は、密着が悪いかショートしてしまったか、そうでなければ、備長炭の質に問題があります。備長炭は、窯の中のどこで焼いたかで電気抵抗が大きく違います。電池に使えるのは電気抵抗が小さいものですが、テスターを使わずに選ぶとしたら、叩いて澄んだ金属音がするものを選びます。

この備長炭電池を放電させるとアルミホイルがボロボロになっていきます。負極の本当に反応している物質（負極活物質）はアルミニウムだからです。アルミニウムが、陽イオ

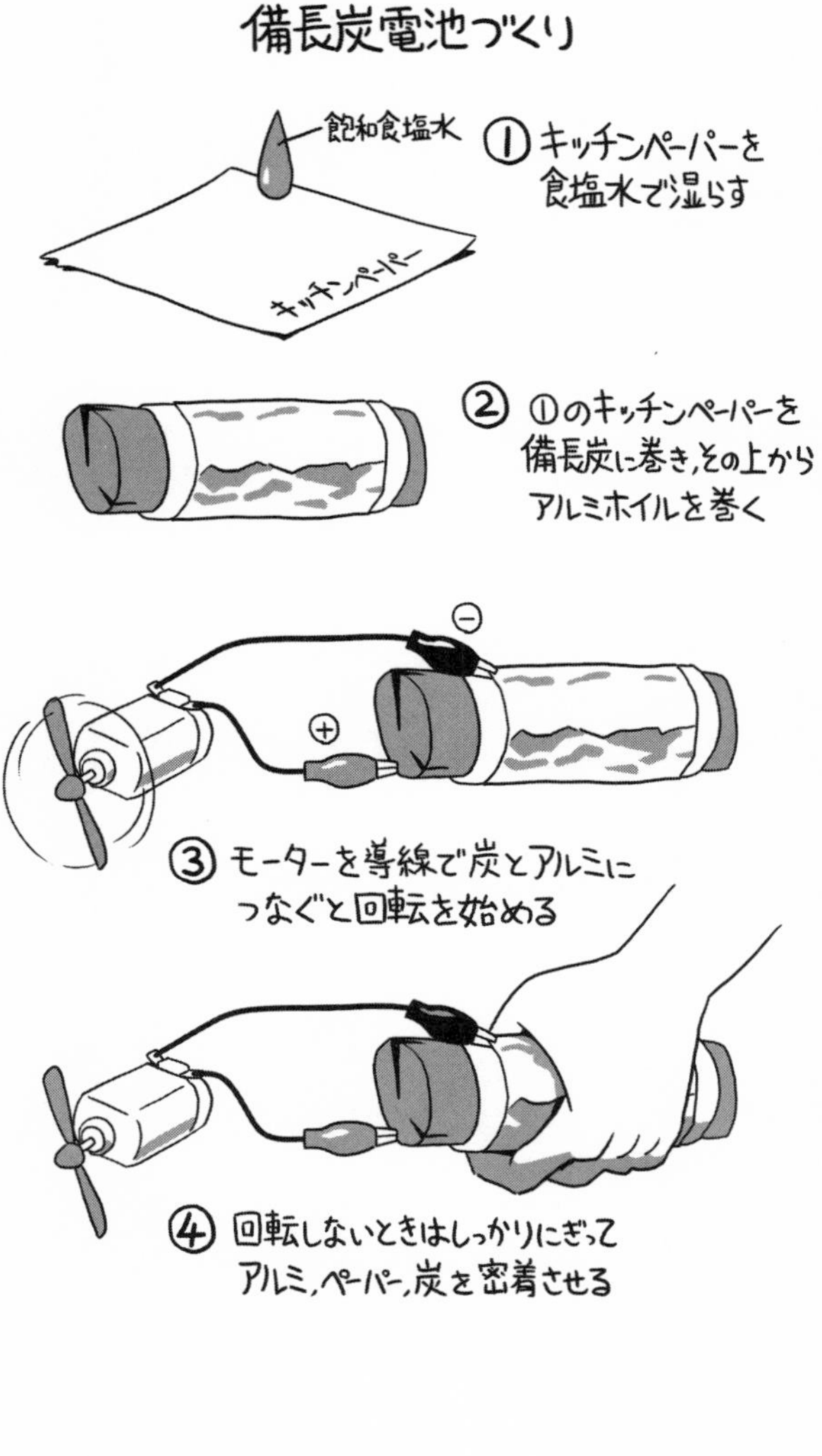

備長炭電池づくり
飽和食塩水
キッチンペーパー
① キッチンペーパーを食塩水で湿らす
② ①のキッチンペーパーを備長炭に巻き、その上からアルミホイルを巻く
−
+
③ モーターを導線で炭とアルミにつなぐと回転を始める
④ 回転しないときはしっかりにぎってアルミ、ペーパー、炭を密着させる

ンになるとき、電子を放出したためです。

では、正極の本当に反応している物質（正極活物質）は何でしょうか。備長炭そのもの、つまり炭素が反応しているようには見えません。実は、備長炭に吸着している酸素が正極活物質です。備長炭は酸素吸着剤としての働きと集電剤としての働きをしています。酸素と水が電子を受け取り、水酸化物イオンになることで電池になります。ということは、備長炭電池は空気電池ということになります。

負極活物質と正極活物質を、単位体積あたりできるだけぎっしり詰め込めれば、長持ちする電池になります。一九一七年にフランスのフェリーによって開発された空気電池は、空気中の酸素を正極活物質に利用するもので、酸素は空気中からどんどん補給できるという優れものです。後は負極活物質のアルミニウムや亜鉛さえ詰め込んでおけばいいのです。

空気電池は、その特性を生かして一九七〇年代以降は補聴器用小型ボタン型電池などに利用されています。

備長炭電池は、台所にあるものでつくることができて、なおかつ今では水銀電池に取って代わって、ハイテクの長寿命電池のしくみにつながっているのです。

†カルメ焼きやダイヤモンドの燃焼

中学教科書では、化学変化の導入にカルメ焼きを扱っています。カルメ焼きは、お祭りや縁日の露店で実演販売される駄菓子ですが、その理科実験への利用は、筆者が若いときに取り組んだものでした。

砂糖（＋水）を加熱して温度をはかりながらかき混ぜます（温度計付きかき混ぜ棒）。一二五℃で鍋からおろし、約一〇秒間待って炭酸水素ナトリウムを入れてかき混ぜると、プーッとふくらんできます。炭酸水素ナトリウムの熱分解を試験管でやるだけではおもしろ

カルメ焼き

くないので、カルメ焼きでやることにしたわけです。なかなかうまくいかなかったのですが、温度をはかりながら加熱することで失敗が少なくなりました。

理数教育充実の時代の中学二年「化学変化と原子・分子」に、コラム「ダイヤモンドが燃える？」があります。この実験も、最初に取り組んだのは筆者です。

理科授業のときに、「ダイヤモンドは炭素からできているから燃える」という話をする教師はいたでしょうが、実際にダイヤモンドを燃やしてみせた人はいなかったのではないでしょうか。筆者はダイヤモンドの原石（工業用）を取り寄せて、強い炎をあびせてみましたが燃えません。そこで、石英管に酸素を送り込みながら加熱することで着火させる方法を開発しました。実験はつぎのように進行します。

一、小型の酸素ボンベ（あるいは酸素入りポリ袋）と石英の細管をつなぎ、石英の細管にダイヤモンド原石を入れる。細管をさらにゴム管付きガラス管につなぎ、ガラス管を石灰水に入れる（酸素を送り込むときの風圧で原石が飛んでしまうことがあるので、石英の細管には先を丸めた針金を押し込んでおくとよい）。

二、少しずつ酸素を送りながら、ダイヤモンド原石を熱する。

三、ダイヤモンド原石が燃えだしたら熱するのを止める。原石は燃え続ける。石灰水は白くにごる。燃え尽きる。

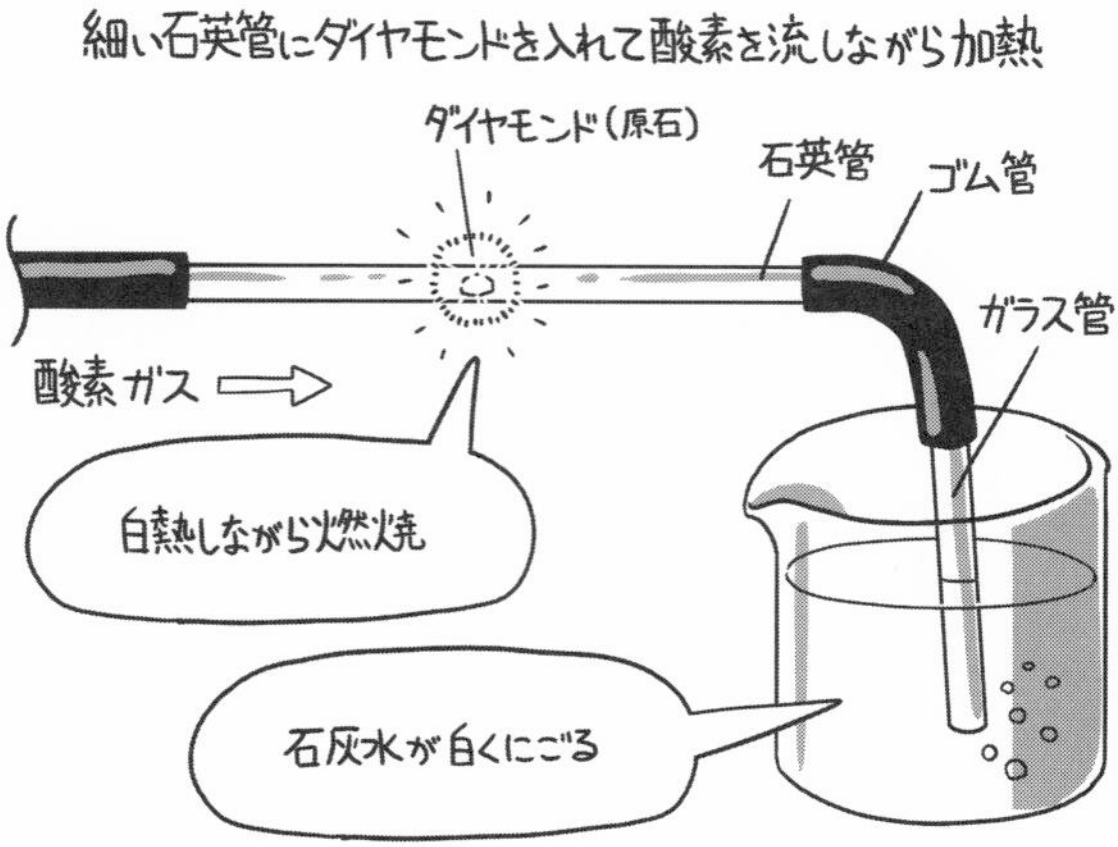

ダイヤモンドの燃焼

ダイヤモンド燃焼の実験は、ダイヤモンド原石や細い石英管の入手がネックになりましたが、理科教材業者のナリカで市販教材にしてもらいました。それが「ダイヤモンド燃焼実験セット」です。原石も補充可能です。

第六章　教科書づくりと学習指導要領

†教科書使用開始のスケジュール

本書は、戦後義務教育の理科教科書を一〇年ごとに区切って、その特色を見てきましたが、最新の時代は**理数教育充実の時代〔続〕**です。その新しい小学教科書は二〇二〇年度から完全に使用開始になり、新しい中学教科書は二〇二一年度から完全に使用開始になりました。ちなみに二〇二二年度から、完全に新しい高等学校教科書が、学年進行で使用開始です。

二〇二〇年度からの小学教科書、二〇二一年度から使用開始の中学教科書、二〇二二年

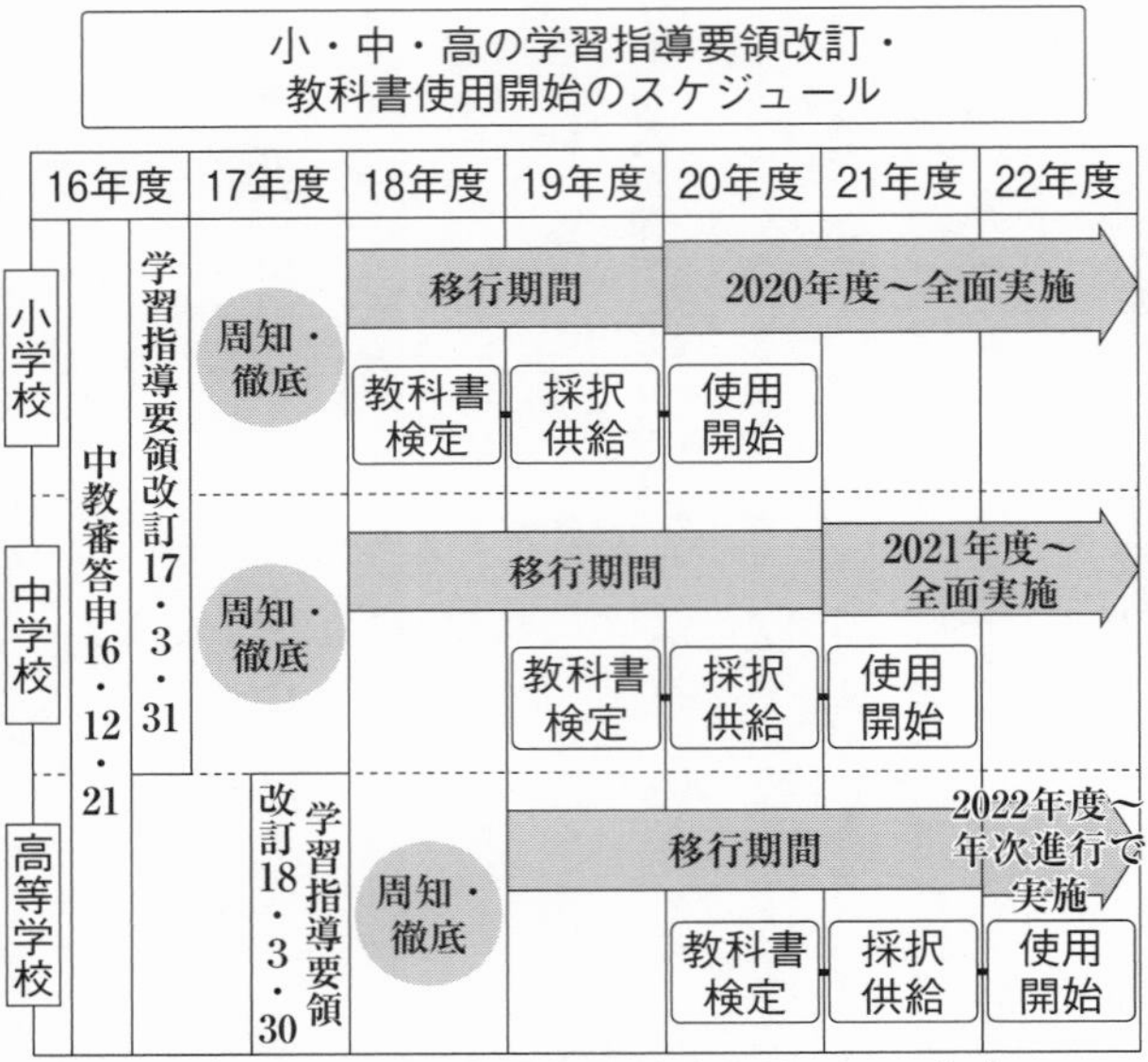

2016年８月26日中央教育審議会教育課程部会資料をもとに作成

度から学年進行で使用開始の高校教科書は、上図のようなスケジュールで開始にいたりました。

たとえば小学校は「学習指導要領」二〇一六年度改訂→二〇一七年度「その周知徹底」→二〇一八年度「教科書検定」→二〇一九年度「教科書の採択・供給」→二〇二〇年度「教科書の使用開始」

(http://www.mext.go.jp/b_menu/shingi/chukyo/chukyo3/004/siryo/__icsFiles/afieldfile/2016/08/29/1376580_3.pdf　中央教育審議会教育課程部会「今後の学習指導要領改訂スケジュール」

二〇一六年）

教科書会社による教科書作成は、学習指導要領が告示される前から始まっています。教科書会社は各教科の編集委員会を組織して、教科書作成の方針を作ります。そして学習指導要領告示後に、集中的に執筆・編集が行われます。書き上がった教科書は、どこの会社の教科書かわからないように白表紙本として文部科学省に提出されて、教科書検定を受けます。

教科書検定に合格したら、次は教科書の採択です。

小中学校の教科書の採択は、広域採択制度になっています。①市・郡を単位として採択区域が定められている場合、②地理的条件や文化圏・経済圏などが同一の地域をひとまとめにして、複数の市や郡からなる採択区域が定められている場合、③政令指定都市では、市内をいくつかの採択地区に分けて地区ごとに採択を行っている場合があります。

採択地区は、二〇一九年四月現在全国で五八七地区あり、一地区は平均して約三市町村で構成されています。採択地区ごとに一種類に絞る「共同採択」が行われています。

なお、高等学校では、各学校ごとに教科書を採択しています。また各年度ごとに採択が行われています。

各学校で採択できない小中学校では、どの教科書がよいかなどの教科書研究は非常に弱いです。筆者が長く勤務した国立大学の附属校では、中学校でも学校で採択ですから理科教師で話し合って選んでいました。

小中学校の教科書は無償

義務教育教科書無償給与制度は、一九六二年公布の「義務教育諸学校の教科用図書の無償に関する法律」及び一九六三年交布の「義務教育諸学校の教科用図書の無償措置に関する法律」に基づき、一九六三年度に小学校一年について実施され、以後、学年進行で拡大され、一九六九度に、小中学校の全学年に無償給与が完成し、現在に至っています。

では、小中学校の理科教科書には国庫から一冊どのくらいが支出されているのでしょうか。教科書の定価は毎年改定されており、文部科学省のホームページに定価の最高額が一覧で載っています。

二〇一九年（**理数教育充実の時代**）二月の「定価の最高額」は、小学三年六二七円、四年八六六円、五年、六年それぞれ九五九円、中学一～三年それぞれ七三三円です。

全ページがカラーですから、製作コストは高いのに、書店で販売している本で言えば新書や文庫本レベルの定価です。

なお、小中学校の教科書から定価の記載が消えたのは**現代化の時代**だった一九七五年教科書からです。「文部科学大臣が認可し、官報で告示した定価（左記の定価は、各教科書取次供給所に表示します）」という文言になっています。

それまで載っていた具体的な定価は、改定される前のもの（予価）で、後から決定された定価との間に違いが出ました。その混乱や誤解を避けるために、定価表示を止め、現在のような表示となったのでした。

†学習指導要領とは何か

わが国の教育は、学習指導要領によって、小学校から高校までの間、児童・生徒にいつ、何を教えるか（教育課程、カリキュラム）が決められています。学習指導要領は、小学校から高校までの教育を、広い範囲にわたって事細かに示しています。しかし、学校の教師ですら学習指導要領をしっかり読んでいる人はごく少数のようです。

なぜなら、学習指導要領に基づいて検定教科書が作られるので、各教科の教科書の内容は、即、学習指導要領の各教科編の内容でもあるからです。

小学校から高校までの教科書は、学習指導要領の内容に合致しなければ発行できません。入学試験も学習指導要領で内容の範囲が決められます。教師は教科書を見ることで、学習指導要領の内容が把捉できるのです。

このような学習指導要領は、ナショナルカリキュラムとして、全国津々浦々まで、あるレベル以上の教育を普及するプラスもありました。わが国が誇りとしてきた高い競争力を支えるための、平均的な教育レベルを達成してきたともいえるでしょう。

学習指導要領はわが国の教育を、ほぼその後の一〇年間にわたって縛りつけることになる非常に強力なものです。

ところで、このナショナルカリキュラムは、きっと科学的な手続きをとって作られているに違いないと思う人が多いことでしょう。筆者も、かつては、それ相応の研究の上に作られていると信じていました。ところが、その実際の作られ方ときたら、かなり杜撰《ずさん》だということを知りました。

新しい科目や学習内容の設定などを導入するときには、学習指導要領作成の前に、文部科学省は「研究開発校」と呼ばれる指定校を定めて、実験を行います。その結果は、逐次文部科学省に報告され、文部科学省の役人や大学の研究協力者も視察に訪れます。発表会も大々的に行われます。

しかし、この研究開発校なるものは、はじめから（やる前から）結果がわかっていることをやっていることが多いのです。「文部科学省が望むような結果が出るようにやる」といってもいいでしょう。

そのため、研究開発校は気合いを入れて研究をし、普通の学校では到底まねできないような努力を傾注して、望まれた結果にもっていきます。たとえば体育の研究開発校なら、最後の研究発表が終わった後「もう体育はやりたくない」と教師も児童・生徒も思うことが多いくらい、研究テーマに一生懸命（過ぎるほど）取り組みます。

†あの学習指導要領はどう作られたか

学習内容が「三割削減」された「ゆとり教育」として有名な**厳選とゆとり教育の時代**〈二〇〇二年〜〉の中学理科について、学習指導要領（一九九八年告示）がどう作られたかを記しておきましょう。

以下は、確度の高い複数の筋からの情報をもとにしていますが、公開されていない情報も含まれています。筆者の推測があることもお断りしておきますが、ほぼ間違いないと考えます。また、これ以降も同様に続いているかどうかは確認できていません。

当時は、まだ文部科学省ではなく文部省でした。文部科学省は、二〇〇一年一月六日、中央省庁再編に伴い、学術・教育・学校等に関する行政を推進する旧文部省と、科学技術行政を総合的に推進する旧科学技術庁とが統合されて誕生しました。

また学習指導要領の改訂は、中央教育審議会答申が大きな方針を、教育課程審議会答申が具体的な方針を決めていました。二〇〇一年、教育課程審議会は廃止されて、中央教育審議会の部会などがその仕事を行うようになりました。ですから、まだ教育課程審議会があったときの話です。

中学理科には、物理、化学、生物、地学の四領域があるので、それぞれに学習指導要領作成のメンバーが選ばれました。秘密裏に選ばれていますが、筆者の見るところ現場や大学のすぐれた人たちであることは確かです。

当時は、一九七〇年代の**現代化の時代**の学習指導要領で示された学習内容が、約一〇年ごとの「精選」を二度くり返していました（**学習内容精選開始時代**、**個性化・多様化**さらなる**精選の時代**）。そして、それでは生ぬるいとばかりに、学習内容を「厳選」しようとしていました。

学習指導要領作成のメンバーは最初の会合で、一九八九年告示の学習指導要領の項目から、教育課程審議会答申の〝厳選項目〟（厳選の対象にされた学習内容）に網をかけたもの（いわば黒塗り）を配布されました。つまり、「〝厳選〟でカットされる内容の残りもので学習指導要領を作れ」というわけです。厳選項目は、全国の抽出校での学力検査でできが悪かったものでした。それらは、抽象度が高かったり、計算や式が含まれるような内容でした。

結局のところ、児童・生徒がわかっていく道筋をもとにして教育課程を組み立てていくというのではなく、はじめに〝厳選〟されたものの残りを配置し直すという作業になったようです。

いくら現場ですぐれた教育実践を行っていた教師でも、八九年告示の学習指導要領から、難しい学習内容を間引きした残りを、部分的に移行したり再配分したりすることしかできなかったのです。その作業メンバーから、「中学理科は、戦後最悪の学習指導要領だ」という声が漏れてきたほどです。

たとえば、中学三年で学習してきた「イオン」の単元は、当初、部分的な削除案でしたが、最後には単元そのものがなくなりました。

†教科書検定は一発では合格しない

検定教科書は正式には「教科用図書」と呼ばれ、「教科の主たる教材」です。検定教科書は、民間教科書会社が著作・編集した図書ですが、文部科学大臣が教科書として適切か否かを審査する教科書検定に合格したものを学校で使います。一九四七年に制定された「学校教育法」で、「小学校においては、文部大臣の検定を経た教科用図書又は文部省が著作の名義を有する教科用図書を使用しなければならない」と定められ、中学校・高等学校などへもこれを準用するとしたことが、現在の教科書検定制度につながっています。

教科書発行者が文部科学省に書類を揃えて申請すると、文部科学大臣は、教科用図書検定調査審議会に、教科書として適切か否かを諮問し、その審議会の答申にもとづいて、検定を行います。

審査の基準は、主として「学習指導要領に沿っているか」「取り上げる題材の選択・扱いが公正か」「誤りや誤解するおそれがないか」という三つの観点です。

審査のための教科書（白表紙本）の調査を担当するのは、主に文部科学省の常勤職員の教科書調査官です。

教科書調査官は「担当教科について、大学の教授又は准教授の経歴のある者又はこれらに準ずる高度に専門的な学識及び経験を有すると認められる者」などの規準で採用されます。筆者の出会った理科の教科書調査官は、物理、化学、生物、地学それぞれで教科書検定への態度が違いました。

「学習指導要領上、その内容は〝発展〟ではなく本文に入れていいです」「学習指導要領上、もっとここまで書いてもOKです」的な許容度の高い人から、学習指導要領を自分たちなりに解釈し、細かく基準化して教科書検定をし、学習指導要領作成に大きく関わった教科書著者が「そんなふうな学習指導要領の解釈は学習指導要領の精神から外れている」

と怒るような人までいました。

筆者は、教科書検定は恣意的だと思ったことが何度かありました。なお、言葉的には似た「教科調査官」は、文部科学省初等中等局教育課程課に置かれているポストで、主に国立教育政策研究所に所属する職員が兼務しています。こちらは学習指導要領の作成などを行います。

教科書調査官が調査意見書を作成し、教科用図書検定調査審議会で審査します。審査の結果は、「合格」「不合格」「合否の判断保留」の三つに分かれますが、筆者の経験では全部が「合否の判断保留」になり、一発では合格しません。

検定意見は文書によって行われますが、教科書調査官による口頭の補足説明もあります。筆者の経験で、検定意見がどう見ても科学的に間違っていることがありましたが、教科書調査官がわびることはありませんでした。

検定意見に対応して修正をしたり、文部科学省の教科書検定の役人である教科書調査官とやり取りをして修正をしたりします。合否の判断保留の場合、修正内容の審査によって、合格か不合格かが決まります。この段階で不合格になっても重大な欠陥や欠陥箇所が著しく多い場合以外は再申請して合格になります。

†「検定外理科教科書」をつくる活動

筆者は、中学理科教科書編集委員・執筆者として、できあがった**厳選とゆとり教育の時代**の中学理科教科書の文部科学省教科書検定を受けたとき、心底、驚きました。

教科書検定意見で「周期表を削除せよ」「パーセント濃度を削除せよ」「密度に単位をつけるな」「一分野上巻からは分子とみなされるようなモデルは削除せよ」などの指示を受けたのです。

筆者は、執筆時に、学習指導要領を見ながら、この薄っぺらな内容の学習指導要領で、児童・生徒たちが科学・技術に対して学習しがいがある教科書はつくれるのかという疑念を持ちながらも「この程度は許容範囲だろう」と入れた内容がことごとく削除などの対象になったのです。

「ゆとり」教育の進行の中で学習内容がどんどん削減されて、ますます理科がつまらなくなっていることに危機感をもっていたところに、この教科書検定の有り様を見て、学習指導要領にとらわれない（教科書検定を受けない）「もう一つの教科書」をつくる活動を現場の先生方と始めようと決意しました。

二〇〇三年一月一七日、「シンプル（基本的にモノクロ）だが、内容は充実」「読めば、科学を正確に理解できる」教科書を一緒に作りませんか、という呼びかけをインターネットの理科教育関係のメーリングリスト（ML）に流しました。この呼びかけに、大きな反響がありました。短期間に約一五〇人の参加希望者が集まりました。

いろいろ学習していた過去への単なる復帰ではなく、現代人が義務教育で身につけなければならない科学的リテラシーとは何か、という根本的な問題を議論しながら執筆しようと考えました。原稿執筆は、そのためのMLを設置して、メールのやり取りをしながら進めていくという方法を取りました。

筆者が内容構成のたたき台を提案しました。もうそこからML上で激しい議論が繰り広げられました。内容構成や執筆分担を決定したら、次の段階は、原稿の執筆と、それを検討していくことです。筆者は、多いときには一日に約三〇〇通のメールを受け取り、数十通のメールを出しました。

こうして一年間でできあがったのが『新しい科学の教科書』（文一総合出版）の学年版です。その後、物理・化学・生物・地学の分野別版、それよりも少し内容レベルを高くした『系統的に学ぶ中学物理』（文理）などを出しました。検定教科書に「抽象度が高い」として入れられなくても、科学を学ぶ以上不可欠な基礎・基本にあたるものは、できるだけやさしく、しかもできるだけ正確に入れようと思いました。

検定外教科書『新しい科学の教科書』（文一総合出版、左）と、『系統的に学ぶ化学』（文理、右）

†検定教科書と検定外教科書の相違点

たとえば、筆者たちのつくった検定外教科書で、当時の検定教科書と大きく異なる内容の一つは、原子・分子の学習を中学一年の教育内容にしっかりと位置づけようとした点です。原子・分子といったミクロな物質への入門を配置しておくことで、以後の「溶液と水溶液」や「状態変化と気体」などの章での教育内容に厚みを持たせることができると考えたのです。その一部を抜き出して紹介してみましょう。

二　最初の原子の考えは？

みなさんは原子や分子ということをこれまでに聞いたり読んだりしたことがあるこ

とでしょう。

原子というと、最近やっとわかってきたことのように思いませんか。

人類の歴史を振り返ると、私たちのまわりにたくさんある物質の〝おおもと〟は何かということがずっと大きな問題になってきたことがわかります。

今から二千数百年前の古代ギリシャまでさかのぼってみましょう。

古代ギリシャの自然研究者たちは、万物（あらゆる物）は、一つあるいはいくつかの種類の元素（物をつくっている〝おおもと〟）からできていると考えました。

タレスは水を、ヘラクレイトスは火を、エンペドクレスは火と水と空気と土を、万物の元素と考えました。

そんな時代に物は粒子からできていると考えた人たちも現れました。空っぽの空間（真空）を粒子がお互いに結びついたりばらばらになったりする激しい動きに満ちた世界を思い浮かべたのです。万物をつくる元は、無数の粒になっていて、一粒一粒は壊れることがない、それを壊してもっと小さな粒にはすることができない一粒一粒を、ギリシャ語の「壊れないもの」から『アトム』（原子）と呼ぶことにしました。

二千数百年前に『原子』の考えがすでに生まれていたのです。

原子の考えは、強い批判にさらされました。「どんな物だって打ち砕けば小さな粒になるではないか、壊れることのない粒なんてありえないというのが一つ、もう一つは真空なんて存在するはずがない、見たところ空っぽの空間にも何かが詰まっているのだ」という批判です。

ものをどんどん分けていくと粒になり、それ以上分けられなくなるという考えは、ふつうの感覚と一致しにくいものでした。

それだけではなく、原子の考えは、神の存在無しに物事を説明できたので、宗教の力を利用していた支配者たちに目の敵にされたりもしました。

そして、原子の考えは忘れられて一七世紀ごろまできたのです。真空が発見され（一六四三年）、ガリレイやニュートンも原子の考えをもって研究をするようになりました。

一八世紀後半以降の多くの科学者による精密な実験の結果、ものは原子からできていることや原子には様々な種類のものがあることがわかりました。現在では、原子の大きさや質量がはかられ、原子が並んでいる様子を画像化したり、原子を一個ずつつかんで並べたりすることができるようになっています。

筆者が検定外教科書づくりをしながら思ったことは、これまで学習指導要領準拠の検定教科書をあてがわれることになれた現場の教員、教員養成学部の理科教育プロパーたちに、教育内容論の研究があまりにも弱かったことです。

検定外教科書づくりという筆者たちの活動において、どうしても教育内容論から考えざるを得ませんでした。

†中学理科で身につけるべきこと

検定外教科書では、中学一年で原子の考えや花の咲かない植物を扱ったり、中学二年の電流で電子を導入したり、無セキツイ動物を扱ったり、日本の天気の特徴を扱ったり、中学三年できちんとした力学の法則を扱ったり、原子構造とイオンを扱ったりしました。生物分野では背後に進化の事実をいつもおいて展開しました。

こうした、現在の学習指導要領から〝難しい〟〝高度である〟と高等学校へ送られた内容をどうして入れるのでしょうか。

それは、「中学理科で教えなければならないのは、人類の達成した科学的文化の中で最良のものから真の基礎・基本として選び抜かれたものではないのか」という思いからです。例をあげれば、原子論、エネルギー論、進化の事実です。たとえば、原子論の基礎にはマクロ物体の基本的属性たる質量や体積認識は重要になります。原子論の〝原子〟〝分子〟などは、自然をとらえるときのミクロなレベルの〝結節点〟です。

生物にとどまらず、全自然が進化の所産であり、その過程にあることから、進化の事実も重要です。

これらにかかわって、物についての基礎概念、自然の構造・法則性・歴史性に根ざした原子論・エネルギー論・進化の事実に連なる基本的事実・概念・法則群を厳選し、体系化する。つまり、最小限に圧縮された堅固で適用性の高い理論体系をつくったものが学校での教育内容にならなければならないのではないでしょうか。

これらはこれまでの科学者たちの科学的な自然探究の中でさまざまな試練を受け続けてなお、その真理性が確認されているものです。つまり、すぐに陳腐化するような知識ではないのです。

検定外教科書には、これらの知をそうした形で盛り込みたかったのです。それもできるだけリアリティをもった知識として。どうも、これまでの理科の知識は、学校に閉じたままで学習主体の子どもたちの生き方と結びつかず、試験が終わると忘れてもいい知識に成り下がっていなかったでしょうか。

これまでの理科が難しくて分かり難くなっていたのは、程度の高いことを教えてきたからではありません。雑多な知識をばらばらに（細切れに）教えてきたからです。

教育課程をもっとシステマチックに組み直して、中学校では本当に厳しく自然の基本的な事実や自然科学の概念や法則（非常に適用性の高いもの）をセレクトし、具体的な事物を探究しながら、それらを確実に身につけさせることをねらうべきです。

基本的事実や概念や法則は、それほど沢山あるわけでもありません。科学は、体系的に学べば、どの子どもにも易しく楽しく学んでいけることが、これまでのわが国の研究・実践によって確かめられています。程度の高いことを〝高度になりがち〟といって削除するのではなく、子どもたちの自然への興味と関心を呼び起こして、自然を探究していくのに欠かせない〝基本的で役立つ知識〟を丁寧に選び出すべきなのです。

こうしてつくった検定外教科書を、副教材として採用してくれた私立中学校がありました。また、公立中学校の理科教諭の授業の参考書としても活用されました。これらは現在でも版を重ねています。

また高等学校理科では、これだけは全員が学ぼうという趣旨で『新しい高校物理の教科書』（講談社ブルーバックス）などを出しました。

この検定外理科教科書づくりの活動は、**厳選とゆとり教育の時代**への具体的な批判として、**理数教育充実の時代**への転換を促した面があったと自負しています。

†学習指導要領(試案)の精神へ

筆者は、教科書の内容を強く縛る学習指導要領について、学習指導要領(試案)の精神へ戻ることを主張しています。

一九五一年版の学習指導要領(試案)一般編には、次のように述べられています。

「学習指導要領に示された指導法は、一般の教師に対する一つの示唆であって、個々の教師の創意や工夫、さらにすすんだ研究に制限をくわえるものではない。できうるならば、学習指導要領に示されたものよりも、いっそうすぐれた指導計画や指導法を教師が発展させることを希望したいのである」

実際、多くの地域や学校で独自のカリキュラムが作られるなど、戦後新教育といわれる時期を画したことを想起したいものです。

一九五八年、学校教育法施行規則が改正され、学習指導要領の法的拘束力が明確にされ、翌五九年に告示された小学校および中学校の新学習指導要領は「試案」ではなくなりました。以後、学習指導要領は、教育課程の基準として強い拘束性を持つようになっています。

学習指導要領の強すぎる拘束性は、学校や教師が上から与えられたものをこなすだけで、カリキュラム作成能力がない状態の原因になっています。

筆者は、学習指導要領（試案）の精神で、ずっと柔軟性のある学習指導要領になって、さらにもっと知的でおもしろい教科書ができることを願っています。

第七章　理科の教え方学び方

†知りたがりを育てる

筆者は長年、中学生や高校生に理科を教えてきました。その間に検定中学校理科教科書や高等学校理科教科書の編集・執筆にも関わってきましたし、教員向けの実践的な理科教育書や一般向けの科学入門書を書いてきました。そして、大学の理系学部の理科・数学の教職課程の担当をしてきました。そういう立場からいくつかの理科教育への提言をしておきたいと思います。

理科好きとは、子どもでも大人でも「好奇心一杯で、未知への探究行動性をもっている」ということではないでしょうか。そういう大人が理科好きを育てられるのではないでしょうか。筆者自身は化学をメインに学んできましたが、物理も生物も地学もおもしろいと思います。自然は化学の目で見ても、物理の目で見ても生物の目で見ても、それぞれにゆたかな世界を示してくれるからです。その背後にトータルな自然をたのしむ体験があると思うのです。

サイエンスは自然界の不思議な現象を解き明かそうとする人びと、つまりは未知への探究行動性をもった人びとによって推進され、体系化されてきました。

そういう心をもった存在として、すぐ思いつくのは「子ども」でしょう。もともと子どもたちは、知りたがりです。本来、子どもたちは未知への探究行動性をもっています、つまりわからない物事がどうなっているかを探りたい気持ちをもち、実際に物事に働きかけることをするものです。そういう心は、小さい子どもほどあるもの。いろいろな理由で、長じるにつれて好奇心、探究心が弱まっていきます。

本来なら大人になっても好奇心一杯で、未知への探究行動性をもっていてもおかしくないのです。それが人間なのだから。

では、「好奇心一杯で、未知への探究行動性をもっている」教員や大人にどうしたらなれるのでしょうか。

†センス・オブ・ワンダー

筆者は、小学生時代は川で魚をつかまえるとか、自然の中で遊んでいただけ。理科だけは好きでしたが、他の教科はまったくダメ。ただ自然の中でおもしろいものを見つけたり、じっくり観察したりしたことが、現在の仕事につながっています。

中学のときに栃木県から東京都に転校したら、成績は五〇人近いクラスでビリから二番目。でも高校生になって将来を考えたとき、「唯一好きな理科の方面に進みたい！」と思いました。

勉強は依然としてダメでしたが、頑張ってみたらだんだんおもしろくなりました。それは自然の中で「おもしろいな」「不思議だな」という体験をたくさんしてきて、その原理や法則を勉強することで「あっ、そうだったのか！」とわかったからだと思います。

自然の中で、おもしろいことを発見したり驚いたりする体験は、知識を裏づけるものへと発展するものです。最初に知識ではなく、知識は後からついてくる場合が多いでしょう。

一緒に自然観察会をやっていた京都の公立高校教諭の留岡昇さんは言いました。

「観察会花盛りですが、そのなかであなたは子どものように発見したり、不思議に思ったりしていますか。知識だけを求めていませんか。自然は自然。石あり、土あり、草あり、木あり、虫あり、鳥あり、動物あり、人あり、川あり、海あり、空あり、星あり。どれも切り離してひとつずつ存在しているのではありません。特別な自然があるわけではありません。身のまわりが自然です。あなたはそこに、すばらしさや不思議さ、美しさを見い出すことができますか。ひょっとして、貴重な名前の通った動植物だけを見ていませんか。もし、あなたが学校の先生だったら一生懸命説明したり、教えたりだけをしていませんか。

一度、自分の知識などを外に置いておいて、自然のなかで「何かおもしろいもの、ないかなあ」と意識して、歩いてごらんなさい。

じっと、「きいて、さわって、みて、かいで」ごらんなさい。そして、ひとつ、ひとつ「なんでやろう?」と考えてみて下さい」と。

それで、留岡さんらと東京と京都で月一回「センス・オブ・ワンダー」という自然観察会を開きました。そこには小学校教員や中学校教員も参加します。各自のおもしろセンサーを発揮して、自然のなかで何かおもしろいものを見つけながら歩きます。植物の名前や虫の名前がわからなくてもいいのです。動物なら「何を食べて生きているんだろう?」などとちょっと科学の目で見るだけなのです。

よく言われることですが、日本の子どもたちは「おもしろいことを見つける力」がだんだんと衰えています。遊ぶ道具がないと、何をやっていいかわからないというような……。

筆者は、大学で教えている小学校教員志望の学生たちを近くの森に連れていって、道ではないところを歩いたり、斜面をよじ登ったりさせました。教師になるにはこういった体験をたくさんしてもらいたいと思うからです。人が入っても大丈夫な川だったら入って裸足で歩くとよいのです。真っ暗な山道を歩いたり、けもの道を歩いたり、そういう冒険を教師や親が体験してほしいのです。

野山にはハチやヘビもいますが、自然に潜む危険に対して、どう対処するか考えることも生きるために必要な力だと思います。

†小学校低学年「生活科」は何が問題か

わが国の小学校教育での大問題は、低学年の理科をなくし、生活科をつくったことだと思います。生活科は、自然や社会の科学的な認識を支えるようなゆたかな自然体験などをさせる教科ではありません。また、科学性を育成する教科でもありません。

生活科教科書には、しつけ的な内容が目立ちます。

たとえば、「多くの人々の支えにより自分が大きくなった、そういう人たちに感謝の気持ちをもつ」などの内容です。生活科は、小学校低学年の理科、社会科をなくしてまでつくった教科ですが、遊びやごっこ、挨拶など、しつけのための教科になっていると思えるのです。

かつて問題になった「砂車」に見る非科学的で操作主義的な内容は論外ですが、自然についての基本的な体験やごくごく基礎的な知識（自然をとらえる基本的なことばや論理）を身につけさせたり、物をつくったり、動物を飼ったり、植物を育てたりする活動は、言葉や数の認識をつくるうえでも重要ではないでしょうか。

ところが生活科では、動植物を育てる活動はあっても科学的な観点がなく、自然や社会を見つめたり、学んだりする基礎は身につかないまま小学三年になり、そこであわてて理科の学習の仕方を教えなくてはならなくなっているのが実状です。

また、遊びやごっこの、どんな力がつくかわからないような（知的な面があまりにも弱い）体験学習に馴らされた児童・生徒たちは、苦手なことに立ち向かう力を削がれているのではないでしょうか。生活科でやろうとしているしつけなどは教科学習以外でやるべきだと考えます。

諸外国では小学一年からの理科教育を一層充実させています。初等・中等教育において、理科教育は最重要分野の一つとして位置づける政策が進行しています。

科学的な認識の基礎やその土台になる体験を小学低学年から養うことが、その後の理科教育にとって重要であることが世界的な共通認識となっているからでしょう。日本は、そんな世界の流れに逆行しているのです。それで「理科教育の充実」を叫ばれても空しい思いがします。

†科学を学ぶ目的

「すべての子どもたちに学校で理科を教える目的は何か?」という問いに答えることは、簡単そうで難しいものです。

まず個人レベルで考えてみましょう。

子ども時代に理科（自然科学）を学習しておかなくては、自分の健康を維持することはできません。人の生命維持に最低限必要な、食物・空気・水。それらのものについて人のからだのなかでの役割や仕組みなど、基本的な科学知識が正しくなかったら生命維持は難しくなるでしょう。およそ日常生活を営むにも、自然科学の知識が必要です。最低限の科学知識があるからこそ、防げている火事や感電事故などもあります。

わが国の傾向として、「科学はわからないけど、大切だと思っている」という人は多いように思います。そこで一見科学っぽいものに惹かれる傾向があります。

科学と無関係でも、論理などは無茶苦茶でも、科学っぽい雰囲気をつくれれば、ニセ科学（疑似科学やエセ科学も同義）をほいほいと信じてくれる人たちがいます。たとえば、病気になり藁にもすがりたい人たちや、今は健康でも不安をもっている人たちに、「科学っぽい装いをしている」あるいは「科学のように見える」けれど、とても科学とは呼べないような説明をして高額な機器や食品などを売りつける人たちがいます。狙われるのは科学知識のない人たちです。

会社で働くときにも科学知識は必要です。もちろん営業職でも扱う商品についての科学的な根拠などを知らなければなりませんし、技術が必要な職業は、そのために必要な科学知識も身につけないと仕事になりません。

地球環境問題ほど大きな話でなくても、身のまわりで起こる水質汚染や大気汚染といった公害問題、騒音問題や自然災害の発生などで、市民が行動を起こしたり、選挙で投票の意思決定をするのも、今日では、科学知識が土台の一つになっています。

国家や社会レベルで、社会にとって不可欠な科学者や技術者、医師その他の科学専門家を養成するためには学校の理科学習が土台になります。

わが国のように資源が少ない国では「科学技術立国」が叫ばれます。国を経済的に豊かにするためには、国家戦略として、学校理科の充実が大切であるという言説には説得力があります。

現代社会は、科学と技術が社会のさまざまなところに深く広く入りこんでいるので、自然科学的知識なしには、どんな経済行為も政治行為も成り立たないのです。こうしてみると、個人レベルから国家、社会レベルまで、学校で理科を学習するのは当然ということになるのかもしれません。

近年、教育には社会からの要請が強く打ち出されています。おもに産業界から学校に、産業的マン・パワーの育成を目的にした圧力が強まりました。

戦後の日本を重工業が支えた時代は、重厚長大（扱う製品が重く、厚く、長く、大きいことから、それらの頭文字を取った造語）な産業（鉄鋼、セメント、非鉄金属、造船など）のために、科学技術教育振興が叫ばれ、理科の授業時間や学習内容量が増やされました。しかし**系統学習時代**や**現代化の時代**の高度経済成長も終わり、産業構造の転換で機械製品や電気製品など、軽薄短小（軽量で薄く、短く、小型な商品が好まれる）時代になると、産業界から要望される人材の多くは、工業技術・知識よりお客さまに接する態度が重視されるようになりました。

「ゆとり」教育の背景には、そんな構造の変化もあります。それでも「ゆとり」教育の壮大な社会的実験は失敗し、いままた「**理数教育充実の時代**」に回帰してきています。

科学史研究の草分け的な存在で、戦後の民間の理科教育研究を牽引《けんいん》した田中実（東京工業大学名誉教授）は、「科学教育の目的を、しゃれた言いまわしで表現することもできる」

と述べました。

「人間はがんらい、ホモ・サピエンス（思索者）でもあれば、ホモ・ファベル（製作者）でもある。人間は社会的存在であるから、ホモ・ポリティクス（政治者）であり、社会は経済行為なしに成り立たないから、人間はまたホモ・エコノミクス（経済者）である。そして人間は、なんらかのたのしみなしには、積極的にはレジャーなしには生きがいを感じられないから、ホモ・ルーデンス（娯楽者）というべきである。人間のそうした諸側面のどれをとっても、現代では、自然科学の知識なしには、満足な活動をいとなむことができないのだ」

人間とは何かを考えるときに、この田中の思索には重要な指摘があると思います。それは「なんらかのたのしみ」なしには「生きがいを感じられない」ホモ・ルーデンス（娯楽者）の立場の重視です。科学を文化の一つとしてとらえて、科学を愉しむことができるという目的が立てられるでしょう。

†理科は、使わない知識か？

田中実は「教育目的論につきまとうむずかしさは、議論に客観的根拠を与えることにある。目的設定とはひらたくいえば効果に注文をつけることであるが、期待するとおりの効果が実際あらわれるかどうか、これは概していえば測られないことである」とも述べています。

学校で学んだそのときの科学理解については、即テストを行うことで、ある程度わかるかもしれません。しかし、「あとあとまで、自然科学を学んだことの効果が、どのような形で残るかということは、べつの問題（田中実）」です。

設定した目的が期待した効果をもたらしているかどうかは、一定の科学知識が応用のきく形で記憶されていなければ意味がありません。この点についても田中は危惧します。「自然科学の学習をさらにつづけることもない人間の場合には、どういうことになるだろう。自然科学の知識を日常的に応用するような職業についていない人間の学力は、記憶がうすらぐとともに低下してゆくのが普通であるから、この考え方からすれば、科学教育の目的として、以上に列挙したことは、非常にあやしい」ことになります。

ここで田中が問題にしたのは、学校を終えてからは、使いもしなければ、記憶もしないような知識です。そういう知識を「教えておきながら、あたかもそれらが記憶され、活用されるかのように仮定し、そのことを土台として目的を云々するのは、まちがってはいないか」という議論が成り立つと述べます。

そこで田中があげた科学教育の効果は、「いわゆる能力・態度・思考力など、自然科学の実質的知識をともなわない知的機能の形成」というものでした。「この（知的機能の形成の）ためには〝転移〟という仮説が用意されている。人間の知能という可塑物を、自然科学という昇華性の材料でできた鋳型にはめると、そのうちに鋳型の方は昇華して実質は消失し、論理的操作の能力という持続性のある形式だけが知能に形を与える」という「形式陶冶《とうや》説」を開陳します。

知識は残らなくても能力・態度・思考力は残る、とはいえこの考えに固執すれば、「かえって消化不能の知識を強要したり、実質のない〝科学的思考〟で子供を混乱させることになるだろう」「この種の効果をことごとく否定してしまうことはできないが、ことごとく信用してしまうことはいっそう大きなまちがいのもとであろう。少くとも、科学教育の効果判定の基礎理論として採用するだけの証拠は、まだ出されていないのではなかろうか」という具合に、田中は「形式陶冶説」の危険な側面についても指摘しています。

†学校は、文化の総体を次世代に伝えるところ

田中が言うように、学校という制度は「一般的には人類が、具体的には国家やその他の共同体が、人類と民族の文化の総体を、世代から世代へと伝承してゆくたために設ける制度化された装備」のひとつです。「人類にとって生存、すなわち維持と発展が自己目的で

あって、生存を保証するものが文化伝承である以上、学校教育にとって、文化の総体を教師を通して次の世代に伝承することは、それ自身が目的であるといわねばならない」と田中は述べています。

学校教育の基本的目的が、文化総体の伝承であるとすれば、学校の自然科学教育の目的は、自然科学そのものを少年・少女に彼らの受容能力に合致した形で、完全に伝え、彼らがやがて専門家としても非専門家としてでも、現在の科学を継承、発展できるように教授することになります。

いずれにしろ、科学を学ぶこと自体が、精神発育期の人間にとって、ひとつの生きがいであることを自覚させることが重要で、科学の価値を説教するだけでは無意味です。科学の人間的・社会的価値は、科学をよく理解することによってはじめて、自覚的にわかるのです。

それは、科学的世界観を形成することだといえます。

「自然科学教育は、将来、科学と技術の専門家となる者にとっては、発展性のある理論的・実践的基礎を与え、そうでない者にとっては、世界と身辺でおこっている自然科学にかかわりのある現象を理解する普通常識と、さらにそれ以上に科学が思想として定着できるようにしなければならない」のです。大切なのは、科学が思想として定着することです。

それは、結局のところ、「科学的世界観の形成ということ」だと、田中も述べます。「素粒子から人間および宇宙にいたる世界のダイナミックな構造を把握することは、自然における人間の位置と、人間相互の関係（人種観までふくめて）、人間の未来に対する理解と見とおしを与えること」になります。「こうして科学的世界観も人間を除いた自然にとどまらず、自然の一部分としての人間および社会についての科学的見解に融合」するのです。

†科学文化をたのしむ

科学的世界観の形成は、科学を文化の一つとしてとらえて科学をたのしむことができるという目的そのものでもあります。

「人間は何のために科学と技術を所有し発展させるか、どんなことを指して科学と技術の誤用というか、科学と技術は何に奉仕しなければならないかなど、科学の価値観につながる、自然科学は真理探究と技術開発をふくめて、人間をどのように変革してきたか、人間の未来によこたわるどんな問題を解決してゆくだろうかということについての知識」を正しく伝えるのが理科教育ならば、理科教育者こそ、その役割の担い手といえるのではないでしょうか。

「科学そのものについて、科学と人間のかかわりについて、考え、本を読み、テレビを見、博物館を訪ねることが、人間の愛とたたかいを描いた文学作品を読むことと同じくらい、民衆に愛好されるようにはならないものだろうか。そうなれば、われわれは科学教育の効果についてあれこれと迷ったり、社会的目的について、懐疑的になったりしなくてすむだろう。自然科学教育は学校ではじまるのであるが、学校で終りにはならない」という田中のことばを噛みしめたいものです。

†理科授業はいくらでも面白くできる

理科の授業は工夫次第で、他の教科よりずっとおもしろいものにできる有利さがあります。科学の目を育てる教育とは、人間がよりよく生きていくための指針となるように、科学を意味あるものとして学習させることです。

たとえば、科学的な知の一つ「物の重さは保存される。物が付け加わればその物のぶんだけ重くなる。物が出ていけばその物のぶんだけ軽くなる」ことを理解させる、筆者の中学授業を紹介します。

保健室から運んできた体重計を、理科室の教卓の前にどんと置いておきます。

「今日は、この体重計を使った課題をやります」

その前の授業の最後に、「体重計に二本足でのった場合と、一本足（片足立ち）でのった場合、針はどうなるか？」という発問を投げておきます。生徒たちは小学校時代すでに、粘土やアルミホイルなどで「物の形が変わっても重さは変わらない」ことを学習していますが、人間を素材に質問すると、なかなかおもしろい討論が始まります。

「物の形が変わっても重さは変わらない」ということを「知識」として知っている者も、悩み始めるのです。

実験の最初の時間なので、授業の受け方、ノートの取り方なども指導しながら、体重計を示します。そして、りんごジュースを高く掲げます。

「ジュースだ！」「飲ませて！」

「これから、これを飲んだら体重がどうなるかを考えます。では、ノートに今日の日付を入れて、課題を書いてください」

課題を口頭でゆっくり言います。

「体重をはかってから、すぐにジュースを五〇〇グラム飲みます。飲み終わってからすぐに体重をはかると、飲む前とくらべてどうなると思いますか？」

課題をハッキリつかませたら、選択肢を板書して、自分の予想を選んで、〔予想とそのわけ〕をノートに書かせます。
ア、変わらない
イ、五〇〇グラムちょうどふえる
ウ、五〇〇グラムまではふえない。一〇〇グラムとか二〇〇グラムくらいふえる
エ、五〇〇グラムまではふえない。四〇〇グラムくらいふえる
オ、その他

机間巡視をしながら、〔予想とそのわけ〕を書くのを七、八分程度は待ちます。

「もう時間です。これから、どの予想が何人いるかを聞きます」

それぞれ挙手させて人数を数え、板書します。

「では、意見発表にいきます」

「まだ自分の体の一部になっていないから体重にかからない、かかっても一部消化されると重さがなくなる」「吸収されると重さがなくなる」「エネルギーに変わったぶん重さがなくなる」など、「五〇〇グラムちょうどふえる」という意見以外はさまざまです。

「五〇〇グラムちょうどふえる」の意見は、「体の中にはいれば全部重さがかかる」「外に出るわけではないので」などの意見が出ます。

「意見が出つくしたようなので実験にいこう。誰か実験台になってくれないかな?」

立候補する子どもはどの教室にもいるものです。

それ以外の全員を前に集めて、体重計の読み方を教えます。一目盛りが二〇〇グラムだから、一〇グラム、二〇グラムの違いはハッキリしないが、一〇〇グラム、二〇〇グラムの違いはわかること、針がふれるので安定してから読むことを説明します。

まずジュースを飲む前の体重をはかります。はじめの体重の目盛りを読み間違えると元も子もないので、針の安定には注意。まず、その目盛りにシールを張ります。

次に、ジュースを飲みます。飲み終わると、みんなで拍手。

「もし五〇〇グラムふえたら、ここを指すはずだね。さあ、体重計にのってみなさい」

緊張の一瞬。児童・生徒たちの目が針に集中します。

「やったあ、ちょうど五〇〇グラムふえた！」

「では、席にもどって〝結果とわかったこと〟をノートに書きなさい」

書きおわったころを見計らって何人かに発表させます。

「ジュースを五〇〇グラム飲んだら、体重はちょうど五〇〇グラムふえた」「食べたり飲んだりした分体重はふえる」

最後に、人間の体重が二四時間の間にどう変化するかの話をして授業終了。

†この授業で質量保存の法則を学ぶと……

これは、質量保存の法則をとらえることをねらいにした授業です。

小学生や中学生にこうした授業をすると、水を飲んだり、トイレに行ったりした後に体重はどうなるかと、興味津々で体重計に乗ってみるようになるものです。

質量保存の法則という言葉が中学理科の教科書で最初に出てくるのは、化学分野です。「化学変化の前後では、物質全体の質量は変化しない」というものです。生徒たちは、いくつかの実験をして質量保存の法則をまとめます。

ここで質量保存の法則の意味と、この法則を確認するために行われた過去の実験を板書して終えるなら、科学の目で物事を見る姿勢を身につけさせるのは難しいでしょう。「物には重さがある。物の形が変わっても物の状態が変わっても、その物の出入りが無い場合には重さは変わらない。出入りがあれば、出た分だけ軽くなり、入った分だけ重くなる。逆に初めより軽くなったら、何か物が出ていった、重くなったら何か物が付け加わった」という質量保存の法則は、いろいろな場面に適用可能です。

さらに質量保存の法則を原子レベルで支える「原子は、なくならないし、新しく生まれはしない。化学変化が起こっても原子の組み換えが起こっただけで原子全体は変わらない」という認識も実感させられたなら、さらに強力な科学の目を養ったといえるでしょう。

†楽しければいいわけではない

小学校から中学校にかけての理科の授業では、系統性や理解を無視してよければ、びっくり実験などによって楽しませることはそれほど難しくはないでしょう。

しかし、授業はエンターテイメントではありません。とにかく楽しい（fun）授業でさえあればよいというものではなく、知的に楽しい（interesting）授業でなければなりません。

そのためには、自然の世界を科学的に捉えることのできるように、学習すべき概念や法則を根本的に見直し、その学習方法を再構築する必要があります。

いまの生徒たちに「将来役立つのだから今はつまらなくても学習しなくてはならない」という強制力はもう効きません。ですから、びっくり実験で一時的にせよ科学的な現象に注目させることもときに必要だとしても、あくまでも児童・生徒たちの科学的認識を育てるプロセスのなかに位置づけなければならないでしょう。

科学のおもしろさは、自然の世界の科学的探究にこそあります。児童・生徒たちがその探究を通して科学理論のすばらしさを感じ、それを自分なりの認識形態で捉えていくことができるような授業を構想しましょう。

もう一つ、金属の授業を紹介します。

ピカピカにみがいた銅板、亜鉛板、鉄板などを見せて、「これらの物質はあるグループに属しています。何でしょう?」と聞きます。ピカピカにみがくには金属磨き剤ピカール(商品名)などを使います。まるで鏡のようになります。

先の質問に、「金属」という答えはすぐ出てきます。

そこで「これらの物質には、見ただけでわかる共通した特徴がないか?」とさらに聞くと、「光っている」「ピカピカしている」「光沢がある」などが出ます。

そこで、金属がもっているこのようなピカピカした独特の光沢のことを金属光沢ということ、豆電球テスターで豆電球がつくことから、電気がよく通ることを説明します。

銅板、亜鉛板、鉄板の順に、導電性を聞いて「よく通る」「通らない」という予想を挙手で調べます。やっていくと、「金属は、すべて電気を通すのでは？」という認識になっていきます。念を入れて、マグネシウムや水銀について確かめてもいいでしょう。アルミニウムの電導性については、迷う生徒が多いです。

銀色、金色の折り紙も導電性を調べてみます。豆電球テスターで調べると、ほとんどの銀紙は豆電球がつきますが、金紙はつきません。

銀色の折り紙が電気を通すのは、アルミ箔が張ってあるためです。銀色はアルミニウムの色なのです。いっぽう金色の折り紙は、銀紙に、さらに黄色透明の塗料が塗ってあるので、そのままでは電気を通しません。黄色透明の表面をはぐと電気をよく通します。金紙も銀紙も、どちらも金属としてはアルミニウムです。

†カルシウムは何色？

チョコやケーキのトッピングに使う「アラザン」や、口中清涼剤の「仁丹」(商品名)は銀色に光った小粒の玉です。表面が金属光沢なので「これは金属だろうか、金属ではないだろうか」という課題を出しました。

結論をいえば、この表面の銀色部分は、電気をよく通します。つまり金属です。アラザンにしても仁丹にしても、口に入れて飲み込んでしまうものなので、典型的な金属光沢を見てもなかなか信じられないという子どももいますが、あの金属光沢は銀です。非常にうすい銀の箔《はく》でおおっているのです。

元素周期表を学んでいる高校生に「カルシウムは何色か?」と聞くと、もっとも多い答えは「白色」です。実物のカルシウムを見せます。銀色です。電気もよく通ります。水の中に入れると水素ガスを発生しながら溶けていきます。カルシウムは金属で、銀色の固体です。白色なのはみな「~カルシウム」(たとえば炭酸カルシウム)という他の元素との化合物です。

バリウムも銀色の金属です。胃のレントゲン検査のときに飲む「バリウム」が白いのは、硫酸バリウムというバリウムの化合物だからです。

元素周期表には、一一八種類の元素が並んでいますが、天然に存在する元素は、原子番号92番のウランまで(原子番号93番ネプツニウム以降は人工元素ですが、ごく微量ながら天然に存在するものもいくつかある)です。つまり世界は、約九〇種類の元素が織り合わさってできていますが、そのうちの約八割は金属元素です。

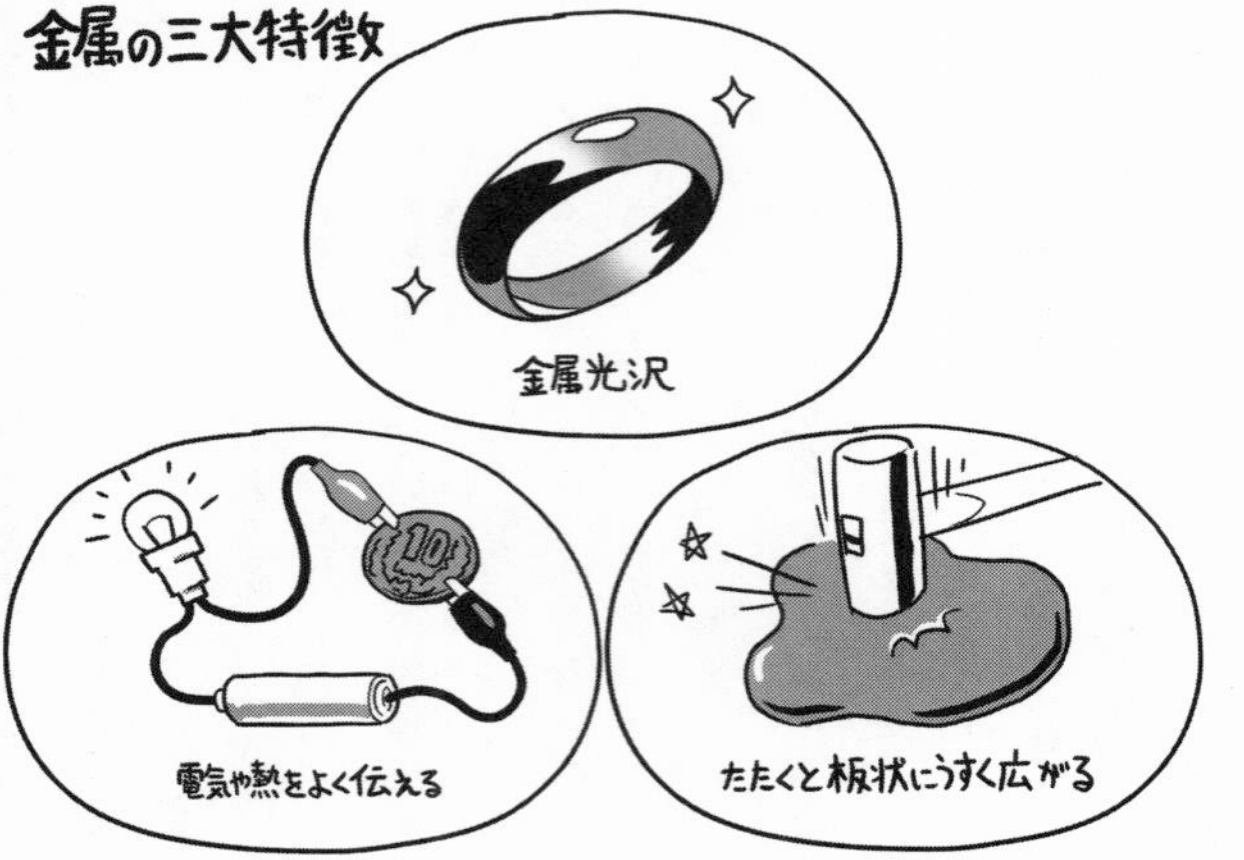
金属の三大特徴
金属光沢
電気や熱をよく伝える
たたくと板状にうすく広がる

金属元素からできている金属という物質は、金属光沢以外に、よく電気を通す（良電導性）、たたくと広がる（展性）・引っぱると延びる（延性）という特徴があります。

†知識軽視とプロセス固定化の弊害

理科教育の主流は、知識を身につけるより態度こそが大事だ、という考えです。この考え方は、一応もっともらしく聞こえるでしょう。

しかし、そこがくせ者です。

概念・法則はいつその真理性がひっくり返るかもしれない。科学の歴史にはそのような事例がたくさんある。いま、本当だと思っている知識もいつまで持つかわからない。だから知識よりは、いつでも問題が生じたらそれを探究していく方法、科学的な態度を育てることのほうがずっと大切である、ということです。とくに現代という時代は、情報化が進むなかで、知識の交代・陳腐化が激しくなるのだから、知識を身につけるよりは、知識を処理したり獲得したりする能力こそ必要だといいます。

けれど、理科教育の内容はすぐに陳腐化するようなものではありません。堅固で適用性の高い基礎的なものです。そのことを確認した上で、知識から独立して科学的な態度や方法があるのか、というのが第二の論点になります。

かつて、主流の理科教育に「科学の方法」「探究の過程」から行動要素を取り出し、それらをプロセススキルに細分化して、探究学習とすることが流行りました。プロセススキルとは「測定する、グラフ化する、モデル化する、式で表す」などです。しかも定型化した流れ「問題の発見→情報の収集→情報の処理→規則性の発見」あるいは「仮説の設定→その仮説から実験・観察することが可能な命題を演繹して導き出す→その命題を実験・観察で確かめる→仮説の受容あるいは修正、破棄」という学習になりました。とくに**現代化の時代**の中学理科教科書には、この定型化が目立ちました。

そのような「科学の方法」とやらが全面的に展開されて、理科嫌いが増加しました。定型が押しつけられて、「探究」とされる学習、「わかる」という充実感なしの諸操作の学習がおもしろいわけがないのです。
これが形を若干変えて、今でも態度主義者の基底になっています。

†でっち上げの「科学の方法」

筆者は、知識から切り離されたこの定型的な方法は、ニセモノであると考えます。自然科学者は、このような定型にしたがって、探究していないからです。「唯一の科学的方法」といったものは存在しません。

自然科学者は、対象に応じてさまざまなアプローチで科学的に迫っているのであり、科学論文が同じような流れで書かれていても、それは研究方法を表現しているわけではなく、伝統的な形式に再構成した結果でしかないのです。

『成功するサイエンティスト――科学の喜び』でカール・J・シンダーマンは、そんな「科学の方法」を笑い飛ばします。

「中学校の科学教室での勉強が始まるとき、疑いを知らぬ生徒たちに「科学の方法」なるものをもちだすのが常である」。そして、「何と美しい方法の青写真だろう。何と秩序だった真理の探究法だろう。そして何というぺてんだろう」「ただ一つの明確な「科学的方法」なるものは存在しないのである。そんなものは、哲学者が科学の研究の日常について、何の現実的な裏付けももたずにでっち上げたものにすぎない」（山本祐靖、小林俊一訳）。
最近は、新しい科学観にもとづく「科学の方法」として、「帰納主義的方法論」を批判して、仮説演繹的方法論を主張する向きもありますが、それも「哲学者のでっちあげ」の可能性を吟味しなければなりません。

これまでに人類が獲得してきた自然についての知識を手がかりにして、未知の部分に挑んでいくのが、本物の「知」を大事にした理科の学習です。科学的に既知の知識とセットになった探究でないと、自然の秘密を明らかにしていく喜び、つまり、科学する喜びがないでしょう。

雑多な知識の非系統的な学習ではなく、より基本的で役立つ、厳選された知識を使いこなせるまで身につけられるようにすることが大切です。教育内容はできるだけ少なく、しかし教材はできるだけゆたかに（教育内容は量的に縮小して、質的に高める）、しかも系統的に、ということを目指さなければならないと考えます。

基本的な事実、概念・法則は、適用範囲が広く、しかも高い視点を提供するので、自然をゆたかに捉えるのに有効性を発揮して、科学がたのしくわかるものになります。

†意識的に生活との関連を

生活単元学習の時代に、現場では、「教材を整理しよう」「系統的な学習をしよう」という運動が起こってきました。筆者は、それは必然であったろうと思います。筆者も、児童・生徒の認識の道筋と織り合わせた系統的な学習内容・教材を重視する立場です。

文部省も現場の声、実態に押されるように、一九五八年一〇月（官報告示）「小学校学習指導要領」から、系統学習を導入していきました。しかしその後の**系統学習時代**がプラスになったかというと、失ったものもあると筆者は思います。それは生活や技術、それらをふくんだ世界との関連が弱まったことです。

一九六八年七月（官報告示）「小学校学習指導要領」において、**現代化の時代**の理科工作の類を大幅に削減したこともマイナスだったと思います。

系統学習であっても、いや系統的であるからこそ、生活や技術を、理科教科書で意識的に展開すべきでした。その果てにいまの理科教育は有用性が少ない、たかだか試験のときに使えるだけであり学校の外に出て行かない、閉じられた知になっているという批判は、理科教育が長い間解決できなかった困難を突いているのではないでしょうか。

†当たり前のキーワード「習得」「活用」「探究」

二〇〇八年三月告示の小学校学習指導要領のキーワードは、「習得」「活用」「探究」でした。「習得」は、「学問、技術などを習い、身につけること」です。「活用」は、「活かして用いること。活かして働かせること」です。「探究」は、「深く探り極めること」ですが、理科教育では「研究」と同じような意味です。

理科教育で「習得、活用、探究」と聞くと、筆者は何をいまさらといった感がぬぐいきれません。それら三つは、もともとがっちり結びついており、切り離せないものだからです。知識・技能は、活用されて初めて習得したといえます。探究的な側面がなければ、そもそも理科授業といえません。

むしろ「習得」「活用」「探究」がキーワードになることによって、それらが形式的に別々のものとして区分けされてしまい、一体性が損なわれることがないように注意しなければなりません。

「活用」する力が学習指導要領の謳い文句になったのは、それまで当たり前の理科教育がなされてこなかったからでしょう。いや、これまでの教育でも、学習指導要領の文字面の上では重視していました。ところが、理科教育の内容として、自然を科学的にゆたかに捉えることができるような本当の基礎・基本を重視せずに、いわゆる「ゆとり教育」でやや高度な内容を削減し、それらを小学校から中学校へ、中学校から高等学校へと後回しにしてきました。いざ活用しようにも歯が立たない場合が多く、知識の習得どころか、知識の暗記で終わる場合が多かったことでしょう。

さらに、断片的な内容の学習も大きな原因で、活用できるような知識の習得が可能になる探究的な理科教育が難しかったのだろうと思います。

わが国の理科教育では伝統的に、知識と切り離された関心・意欲・態度や形式的な「探究」が中心でした。自然を科学的にゆたかに捉えることができる本物の知識ではなく、断片的な知識の羅列で、「習得、活用、探究」が弱いままの学習では、単なるテスト対策が優先し、記憶の学習になるので、すぐに頭から抜け落ちてしまいます。

本当の基礎・基本は、適用範囲が広いゆえに「わかる」ということがすなわち理解につながって、子どもの視野を広げ、知的喜びと感動をもたらすのです。

基礎・基本は、むやみにたくさんあるわけではありません。これらは、たとえば「物は重さをもっている」「重さは保存される」というように一、二行で示せるようなものです。ゆたかな教材を通して、その場かぎりの認識ではなく、「活用、探究」しながら、基礎・基本を獲得させることが重要です。

ついついマニアックになりがちなのが化学教育です。しかし筆者は化学こそ、いつも平明なもの、生徒の興味をひくもの、本質的なものを目指すべきだと思っています。液体窒素にきゃーきゃー叫び、カルメ焼きに熱中するような化学教育をすすめたいと思っています。

†高校化学、中心は物質世界

化学は、物質について研究する学問です。そうである以上、化学教育の中心は「物質が身近になる、物質の世界が見えてくる」ものでなければならないと考えています。黒板とチョークで、知識の解説や計算問題の解き方をごりごりやることが必要な場面もありますが、高校化学の授業でいつも忘れてならないのが「物質とつき合う」ということです。このことは、小学校・中学校はもちろん、大学でも同じく必要なことでしょう。

高校理科の「基礎」がついた科目では、「生物基礎」の選択者が一番多く、小差で化学基礎が二番目です。その後の選択になる「物理」「化学」「生物」「地学」のなかでは、「化学」の選択が一番多いのですが、それは化学が一番魅力的だからかというと、どうやら違うようです。

まず、大学受験です。化学は、理系、文系ともに受験科目に使いやすいのです。大学受験では理系でも理科一科目ですむのがほとんどなので、どの学科に進もうとも理科はたとえば化学一科目ですみます。

そして化学は、物理と比べると抽象度が低いように思えること、生物と比べて記憶することの量が少ないように見えるので、比較的にとっかかりやすい印象をもたれます。しかし、授業を受けてみるとどうでしょう。物理のように計算がたくさんあり抽象性も高く、生物のように記憶しなければならない用語がたくさんあることに気づきます。

ビジネスマンなどのアンケート調査で、化学は学習して役立たない科目の上位にあげられてしまう理由は、たぶんそれが影響しているに違いありません。化学選択者はたくさんいるのに、化学のおもしろさや、実生活との関係について伝えられていない状況があるのです。化学物質とのつきあい方について正しい判断力を必要とする時代だというのに。

†化学の本質的面白さとは

化学教育の状況をかなりネガティブに述べましたが、そういう状況を克服しようという動きも胎動しています。各地で行われている科学実験教室やものづくり体験会のような授業が、教育現場に浸透しつつあります。

教科書も大きく変わりつつあります。たとえば、ある中学の教科書は化学変化の学習を

「カルメ焼きはなぜふくらむか」から始めています。教科書にはカルメ焼きだけではなく、使い捨てカイロ、手づくりスライム、備長炭電池などが取り上げられるようになっています。

電気パンづくりを取り上げた教科書もありました。イオンやジュール熱の学習においてです。ホットケーキミックスの粉を水でといたものに、ステンレス板の電極をとりつけて電流を流します。すると食塩などの電解質水溶液なので電流が流れます。電流が流れればジュール熱が発生します。これで電気パンが焼けるわけです。焼けてふくらむと、イオンが動けなくなるから電流が流れなくなります。いわば自動スイッチです。

おもしろ実験・ものづくりの参考文献は増えてきました。それらの創造的追試をし、工夫を重ねましょう。もう「教科書のようにつまらない」とは言わせない心意気です。

おもしろいのは実験だけではありません。化学の本質的な知識は、新しい世界を広げてくれます。物質の世界をミクロにもマクロにもゆたかに示してくれる知識を、暗記を最小限にしてシステマチックに示してやることも化学教員のすべきことです。

学校はもちろん、様々なところで、化学は面白いということを伝えましょう。

大人のための理科の季刊雑誌『理科の探検（Rika Tan）』

学校に広がるニセ科学

筆者は中学校・高等学校の理科教諭ののち、その経験を土台に、大学の教員として小中高の理科教育、一般の人の「科学リテラシー」の育成を専門にしてきました。基礎的な科学知識が重要になった現代にあって、科学リテラシーは誰もが身につけてほしいスキルです。現代人には「読み・書き・そろばん・サイエンス」が必要だと主張してきました。そこで大人のための理科の季刊雑誌『理科の探検（RikaTan）』を仲間と共に発行していますし、『学校に入り込むニセ科学』（平凡社新書）などのような、疑似科学やエセ科学を批判する書籍を執筆しています。

世の中には、ニセ科学があふれています。重要な人類の文化の一つであり、もっとも論理性や実証性をもっている科学に対して、ニセ科学は「科学っぽい装いをしている」あるいは「科学のように見える」にもかかわらず、とても科学とは呼べないものです。

自然科学の知識体系は、素粒子の世界から宇宙の世界まで、それらの仕組みを探究し、世界がどうなっているか、自然像を明らかにしつつあります。もちろん科学でまだわかっていないこともありますが、日進月歩で「真実の基盤」は増え続けているのです。

学校の理科こそ、その初めの一歩です。自然科学を学ぶことで、自然についての科学知識を身につけ、その活用をはかり、科学的な思考、判断の力を育てる教科です。

そんな科学に対して、ニセ科学は科学の信頼性を利用し、科学用語をちりばめながら、科学を貶める物語を創作します。巧みに学校教育に入り込んで影響力をもった『水からの伝言』と「EM菌」をとりあげようと思います。

†「水からの伝言」とは?

「世界初!! 水の氷結結晶写真集」として刊行された『水からの伝言』という書籍は、江本勝氏とIHM総合研究所などによって編まれ、波動教育社という版元から自費出版のようなかたちで刊行されました。さまざまな「波動」商売の一環と考えられます。波動商売とは、波動測定器という機器で人や食物を「いい、悪い」と判定して診療のようなことを行う波動カウンセリング、よい波動を転写したという高額な波動水（波動共鳴水）の販売などです。

『水からの伝言』によれば、容器に入った水に向けて「ありがとう」と「ばかやろう」の

「言葉」を書いた紙を貼り付けておいてから、それらの水を凍らすと、「ありがとう」の水は対称形の美しい六角形の結晶に成長し、「ばかやろう」の水は、結晶にならないか崩れたきたない結晶にしかならなかったというものです。水に、クラシック音楽とヘビーメタルを聴かせると、前者はきれいな結晶に、後者はきたないものになるといいます。つまり、水は「言葉」を理解するので、そのメッセージに人類は従おうというのです。

刊行当初は、そんな馬鹿げた主張の本は世の中で無視されると思っていましたが、大手版元から続編や江本氏の単著が刊行されるなどして、関連書籍を合わせると何十万部も売れていきました。

『水からの伝言』には、びんに入れたご飯に「ありがとう」「ばかやろう」という言葉をかけるという別バージョンもあります。「ありがとう」のほうは白く豊饒《ほうじょう》な香りに、「ばかやろう」のほうは黒く嫌な臭いになるとしています。

学校の教員の一部に、それを真に受けた人も現れました。「水は、よい言葉、悪い言葉を理解する。人の体の六、七割は水だ。よい言葉、悪い言葉をかけると、人の体は影響を受ける」という考えが、道徳などの授業に使えると思ったのでしょう。子どもたちに、『水からの伝言』の写真を見せながら、「だから『悪い言葉』を使うのは止めましょう」という授業が広まりました。

この授業を広めた教育団体もありました。とくに、TOSS（Teacher's Organization of Skill Sharing の略、教育技術法則化運動）という教育団体の影響は大きなものがありました。誰でも追試可能（真似ができる）な指導案として、TOSSのサイトに載ったことで、全国の教員に広がったのです。

†どのように写真を撮ったか？

『水からの伝言』では、調べたい水を少量ずつ五〇個のシャーレの中央に落とし、マイナス二〇℃の冷凍庫で冷却します。すると先端の尖った氷ができます。三時間以上冷却したあと、マイナス五℃程度の実験室に取り出し、顕微鏡で観察していると、氷の先端に結晶が成長します。これは「雪の結晶」と同じものです。空気中の水蒸気が氷の尖った部分にくっついてできたものですから別に目新しいものではありません。どんな条件のときにどんな結晶ができるかは、すでに解明されています。

きれいな結晶、汚い結晶の写真は、水が言葉を理解したからではありません。きれいな結晶の写真を「ありがとう」の写真として、崩れた写真を「ばかやろう」の写真として載せただけです。どれが「ありがとう」か「ばかやろう」か知った上で写真が撮られているのは、実験としても適当ではありません。

ニセ科学というのは巧妙で、分かりやすいストーリーと一見科学的な雰囲気を醸します。「本に載っている」「写真がある」ということで、この話を信じ込んだ人たちがいます。水からの伝言は量子力学すら持ち出して「言葉の波動」なるものを説明し、素人には撮れない結晶の写真を補強材料に使ったのです。

無視できないくらいの規模まで広がったことから、科学者からの批判が高まりました。日本物理学会では、批判のシンポジウムを開きました。筆者も『水はなんにも知らないよ』（ディスカヴァー携書）を出して、『水からの伝言』を批判しました。

そもそも水に言葉を理解できるはずもありませんし、言葉のよし悪しは水に決めてもらうものでもありません。「ばかやろう」という言葉だって、状況によっては愛に満ちているときもあるのです。人の心はゆたかで複雑です。

なお、科学者側などから『水からの伝言』授業への批判が大きくなったからだと思いますが、現在は、その授業の指導案は、何の説明もなくTOSSの正式なサイトから一斉に削除されています。

†EMは万能な微生物群か？

EMとは有用微生物群のことを指すと、その支持者たちから説明されますが、そう名付けただけのしろものです。中身は乳酸菌、酵母、光合成細菌などが一緒になっている微生物の共生体です。何がどのくらいあるかという組成ははっきり明示されていません。研究者が調べてみたら、肝心の光合成細菌がふくまれていなかったという報告もあります。乳酸菌は含まれているので、その働きはあります。

開発者は比嘉照夫氏。ＥＭの商品群はＥＭ研究機構などのＥＭ関連会社から販売されています。ＥＭ菌とは、特定の会社から販売されている商品名のようなものです。

最初に商品化されたのは土を改良する農業資材としてでした。その有効性をめぐって何かと論議をよびました。ＥＭ液やＥＭでつくった肥料で土が改良されて作物がよく育つとされましたが、調べてみると他の肥料と比べて効果が弱いという結果が出ました。

ＥＭは農業資材として世界各国に進出しています。一九九〇年代の終わりごろ、食料難に苦しむ朝鮮民主主義人民共和国（北朝鮮）は全国くまなく農業用資材としてＥＭを導入することにしました。比嘉照夫氏もしばしば北朝鮮を訪れて指導し、「北朝鮮はＥＭモデル国家。二一世紀には食料輸出国になる」と宣言していました。しかし、比嘉氏は現在、北朝鮮のことをいいません。北朝鮮は、比嘉氏の指導ではうまくいかなかったとみえ、もうＥＭ菌とは別路線を歩んでいるようです。

比嘉氏によるＥＭ菌の効果は肥大化の一途をたどります。関連のさまざまな商品を生み出し、生ごみ処理、水質改善、車の燃費節減、コンクリートの強化、あらゆる病気の治癒などに効果があるというようになりました。

比嘉氏は、ＥＭを「常識的な概念では説明が困難」であるといいます。「理解することは不可能な、エントロピーの法則に従わない波動の重力波」が「低レベルのエネルギーを集約」し「エネルギーの物質化を促進」する、「魔法やオカルトの法則に類似する、物質に対する反物質的な存在」であり、「一二〇〇℃に加熱しても死滅しない」で、「抗酸化作用・非イオン化作用・三次元（３Ｄ）の波動の作用」をもつとしています。まさに科学用語をちりばめながら科学を貶める発言です。

科学を知っている人ほど、ＥＭ菌の説明は理解できないでしょう。「一二〇〇℃に加熱しても死滅しない」など生物についての定義からひっくり返しかねない発言ですが、学術誌にも報告されず、勝手に述べているだけです。

†とどのつまりは「ＥＭ生活」への誘い

ＥＭはあらゆる病気を治し、放射能を除去するなど、神様のように万能だといいます。ＥＭは神様のようだという言説の裏を返せば、「いいことは何でもＥＭのおかげ、悪いことが起こった場合は、ＥＭの極め方が足りなかった」というわけで、「各自のＥＭ力を常に強化すること」を勧めることにつながります。

ＥＭ菌を河川や湖、海に投入する活動が、支持者によって行われています。むしろこれは、環境負荷を高めてしまう可能性が強いのです。ＥＭ菌の健康効果の延長線上に、「ＥＭ・Ｘ　ＧＯＬＤ」（五〇〇ミリリットル四五〇〇円程度）なる高額の清涼飲料水を飲む「ＥＭ力を強化する生活」が待っています。

このＥＭ菌が教育現場に入り込んだのもまた、ＴＯＳＳが勧めたからでした。斎藤貴男『カルト資本主義』（文春文庫）の第五章は、「『万能』微生物ＥＭと世界救世教」です。「ＴＯＳＳに参加する小学校教師たちは、有害な微生物をバイキンマン、ＥＭをアンパンマンになぞらえて、『ＥＭＸは超能力を持っている』と、子供たちに教えている」という記述があります。ＴＯＳＳの代表の向山洋一氏推薦の授業です。超能力を持っているというＥＭＸが、「ＥＭ・Ｘ　ＧＯＬＤ」という清涼飲料水です。比嘉氏による波動測定器の結果で「ＥＭ・Ｘ　ＧＯＬＤ」はＥＭ－Ｘの五倍の能力があるとしていますが、その波動測定器こそニセ科学として有名な機器です。

ニセ科学にひっかからないためには、「たった一つのもので、あらゆる病気が治ったり、健康になったりする万能なものはない」「お金がかかり過ぎるのはおかしい」「ネットや本などでまともな情報を調べてみれば、違った情報がある」ことに留意しましょう。だまされないための基本は「知は力」ということです。理科教育にこそ、ニセ科学に引っかからないセンスと知力——科学リテラシーが求められます。

次に、物理、化学、生物、地学の教育に何が求められるか、筆者なりにまとめておきます。すべてに共通するのは、理科は学習を通して、科学的自然観の基礎を身につけさせることをねらいにする、ということです。

†物理は、理の学問

学校教育（小中高）における物理教育は、物理学を背景にして、「物の理《ことわり》」を学ぶものです。物理は、物質とその運動のすべて、天体から素粒子まで、自然の階層のあらゆる場面に関係しています。物質に普遍的で、もっとも基本的な性質や運動について学びますから、他の自然科学の分野に比べても、共通性と普遍性が高い学問です。

物理教育は、科学的自然観の基礎を身につけることがねらいです。それは、基本的な事実・概念・法則（物の理）をとらえることです。

化学教育と物理教育では「物質」の扱いが少し異なります。化学教育が「物質種」の認識を中心に扱うのに対し、物理教育では、すべての物質がもっている共通性、すなわち、重さ（質量）とその保存性、体積、状態変化、物質の粒子的構造など、化学教育の物質概念の土台になるような内容を学びます。

高校までの物理教育の中心は、近代物理学の二大柱である力学（ニュートン力学）と電磁気学です。

現在得られている「すべての物質は原子からできている。原子はさらに原子核と電子からなり、それぞれ固有の質量と電荷を持っている」という物理学的な物質観を前提にすれば、すべての物質は質量と電荷を持っていることになります。

「質量」についての法則がニュートン力学、「電荷」についての法則が電磁気学です。具体的に物理学が扱う内容は、重さ、体積、密度、力、運動、音、光、温度、熱、気体・液体・固体、エネルギー、電流、磁界、原子などです。これらは抽象性が高く、ときには数式表現が要求されるため、理科嫌いのトップにあげられることがあります。しかしゆたかな教材で、問いかけながら日常的直観的な知識（素朴概念）を克服する物理教育が期待されます。

†物質の特性を学ぶのが化学

学校教育（小中高）における化学教育は、化学を背景にして、「物質」を学ぶものです。

化学が対象としているのは、原子や、原子が多数結合して構成される物質の階層です。原子の種類（元素）は、およそ一〇〇種類あり、原子がさまざまに結びつくことで、私たちを取りまく多種多様な物質種の世界が形づくられます。化学は、物質とその特性を理解し、さらに関連して、その構造や変化を扱います。

ですから、化学教育は、物質の性質、構造、変化についての興味と関心を深め、問題意識をもって物質の基本的な事実・概念・法則をとらえることをねらいます。

化学教育は、物理教育の重さ（質量）の保存性などを土台としながら物質種の一般性と多様性を巨視的な見方や微視的な見方をしながら認識していくものです。

小中学校段階では、物質（純物質）には固有の密度があること、物質によって決まった融点・沸点があること、物質が水に溶けると透明になること、溶液の濃度、物質によって水への溶け方に違いがあること、いろいろな気体があること、いろいろな金属があること、燃焼、化合や分解、酸化と還元、酸とアルカリ、物質をつくる原子・分子・イオンなどがその内容です。

高等学校段階では、原子構造と周期表を軸に、化学式、化学量、物質の状態、酸・塩基、酸化・還元、無機物質、有機化合物、高分子化合物などを学習します。高等学校では多様な物質種が取り上げられるので、下手をすると暗記ものと思われがちです。その克服のためには、原子構造や周期表をしっかり理解して、活用することです。

†生物は大小さまざま

学校教育（小中高）における生物教育は、生物学を背景にして、「生物」を学ぶものです。生物学が対象としている階層は、「細胞―個体―種―生態系」なので、細胞から生物集団まで幅広いです。

生物学の大きな柱の一つは、地球上の生物は、祖先をたどればごく少数の生命体から進化によって枝分かれしてきた仲間同士であるという進化の考えです。

私たちヒトをふくめた生物が、それぞれ具体的にどのように生きているか、生物界のしくみを知ること、自然の中での人間の位置を知ること、自分の体のしくみを知ることなどを通して、生物についての興味と関心を深め、生物についての基本的な事実・概念・法則をとらえることです。

小学校段階では、低学年のうちから自然との直接的な関わりを十分に与えて生物学的なとらえ方につながるゆたかな認識（個々の生物に対する具体的な事実認識）を育てることが理想です。その上で、中学年からは生物学に則して、生物の特徴である「栄養をとる（つくる）、成長をする、呼吸をする、子孫を残す」など、主に個体レベルの基礎的な事実と法則・概念の初歩を学習します。

中学校段階では、種の生活を進化の考えで裏打ちしながら扱います。そして、細胞レベル・個体レベルおよび生態系レベルへと学習を広げます。

高等学校段階では、細胞レベルの現象を分子レベルから科学的にとらえられるようにします。個体・種を生態系とつなげて生物界全体を科学的にとらえ、生物と人間の関係も扱います。

†かけがえのない地球を学ぶ地学

一九四八年、それまでの教科を再編成し、高等学校の一教科として誕生した最初の地学は、天文学、固体地球物理学、気象学、地質学、鉱物学、海洋学など非生物界の自然現象を集めて構成された寄せ集め的な内容の教科でした。

しかし、今日、各研究の領域は相互の関連性にまで及んでいるので、固体地球ばかりでなく、宇宙や人間、社会と自然界の相互関係をも含めた「地球と宇宙の科学」へと発展しつつあります。宇宙の構造と歴史、地球内部のエネルギーと現象、太陽放射とその影響、地球と生命の進化などです。小学校段階や中学校段階でも理科にこれらの初歩を学習する地学教育がふくまれます。

地学教育は、地球の特徴とその成立過程および地球環境と人類の関係、宇宙の特徴とその成立過程を理解し、地球が生命にとってかけがえのない存在であることを認識させ、科学的自然観の基礎を身につけさせることがねらいです。

おわりに

筆者は、小学生のときから大学生までの理科教育を受ける身から、中学高校教員として理科教育を実践する身、大学院生や大学教員として理科教育を研究する身まで、長い期間を理科教育と共に過ごしてきました。

小学校が生活単元学習の時代開始のときに、筆者は生まれました。この時代は一二年間続きますから、私の小学生時代のほとんどは生活単元学習の時代で、中学生のときは系統学習の時代でした。

そして大学院（修士課程）を修了して、八年間、中学校教諭をし、一八年間高等学校教諭（＋中学校教諭併任）をしてから、大学に異動し教授として一八年間勤務しました。

教員になったときは、現代化の時代でした。

学習内容精選開始時代から、中学校理科教科書の編集委員・執筆者を務めました。高校化学教科書の編集委員・執筆者も務めました。

厳選とゆとり教育の時代直前に、大学に異動し、その「ゆとり教育」の批判派の一人として「検定外中学理科教科書づくり」活動のリーダーになりました。そのとき、有志と作成した教科書は、今でも私立中学校の一部で使われています。

大学では、専門を理科教育（科学教育）、科学コミュニケーションとしてきました。理科教育ではその内容と方法を研究してきました。大学でいつも受け持ったのは理科教育法（あるいは理科指導法）という講義です。この講義は中学校・高等学校の理科の教員免許や、小学校教員免許の取得を希望する学生に行うものです。

戦後の理科教科書について、児童・生徒として、教員として、教科書編集委員・執筆者として、いろいろな立場から関わってきたのです。そんな筆者の経験を踏まえて戦後の理科教科書の移り変わりをまとめてみようと思いました。

歴史を踏まえて、今後の理科教育や理科教科書のあり方に読者のみなさんが目を向けてくれることを期待しつつ筆をおくことにしたいと思います。なお筆者は、理科授業の考え方と内容を、『おもしろ理科授業の極意――未知への探究で好奇心をかき立てる感動の理科授業』（東京書籍、二〇一九年）にまとめていますので、具体的な授業方法を知りたい方はぜひ手に取ってみてください。最後になりますが、いろいろアドバイスをいただいた編集担当の松本良次さん、楽しく読めるプラスになるイラストを描いてくださったヨオ（yoh）さんに感謝を申し上げます。

●参考文献

執筆のとき参考にした理科教科書は、筆者が東京書籍発行の中学理科教科書編集委員・執筆者を長く務めてきたこともあり、小学校・中学校ともに東京書籍発行の理科教科書をメインに参考にしました。東京書籍本社の図書室で過去の小学校・中学校理科教科書、また手持ちの理科教科書を参照しました。小学理科教科書名は『あたらしいりか』（一・二年）、『新しい理科』（四～六年）、中学理科教科書名は『新しい科学』です。教科書名の頭に「新編」や「新訂」がつく場合もあります。

内容紹介的な部分は、断り書きがないときは東京書籍版をもとにしています。また、各社の理科教科書を、公益財団法人教科書研究センター附属図書館で閲覧しました。

理科教育史については、次の文献を参考にしました。

・戦後初期の理科教科書の歴史と内容については、板倉編『理科教育史資料』が、理科教育史については、蒲生『日本理科教育小史』が、とくに参考になりました。

板倉聖宣（編者代表）『理科教育史資料〈第2巻　理科教科書史〉』東京法令出版、一九八六年

蒲生英男『日本理科教育小史』国土新書、一九六九年
左巻健男編著『「理数力」崩壊――日本人の学力はどこまで落ちるのか』日本実業出版社、二〇〇一年
田中実「科学教育目的論――終わりなき議論の試み」『理科教室』一九六八年一月号
田中実『思想としての科学教育』国民文庫、大月書店、一九七八年
田中実『科学教育の原則と方法――ある史的展開』新生出版、一九七八年

・次の五冊は理科教員免許取得希望者向けの大学生用テキストですが、これらには戦後の理科教育史についての項があります。

左巻健男編著『授業づくりのための理科教育法』東京書籍、二〇〇四年
左巻健男・小田切真・小谷卓也編著『授業に活かす！　理科教育法　小学校編』東京書籍、二〇〇九年
左巻健男・内村浩編著『授業に活かす！　理科教育法　中学・高等学校編』東京書籍、二〇〇九年
左巻健男・山下芳樹・石渡正志編著『授業をつくる！　最新小学校理科教育法　二〇一七年学習指導要領準拠』学文社、二〇一八年

左巻健男・吉田安規良編著『新訂　授業に活かす　理科教育法――中学・高等学校編』東京書籍、二〇一九年

●協力者一覧

次の『RikaTan（理科の探検）』誌委員有志に原稿についてアドバイスをいただきました（五十音順）。

青野裕幸（千歳北斗中学校教諭）
石坂　均（新発田市、元中学校教諭）
井上貫之（八戸工業大学非常勤講師）
大島　修（太田市立藪塚本町中学校教諭）
神原優一（高梁市立高梁中学校教諭）
久米宗男（創価高校・大学非常勤講師）
坂元　新（越谷市立大袋中学校教諭）
佐々木司郎（和歌山市、元中高教員）
田中一樹（学習院中等科教諭、学習院大学・法政大学兼任講師）
平賀章三（奈良教育大学名誉教授）

ちくま新書
1644

こんなに変《か》わった理《り》科《か》教科書《きょうかしょ》

二〇二二年四月一〇日　第一刷発行

著　者　左巻　健男（さまき・たけお）

発行者　喜入冬子

発行所　株式会社　筑摩書房
東京都台東区蔵前二－五－三　郵便番号一一一－八七五五
電話番号〇三－五六八七－二六〇一（代表）

装幀者　間村俊一

印刷・製本　三松堂印刷　株式会社

ISBN978-4-480-07470-6 C0240